奥妙科普系列丛书

全彩版

DISCOVERY

U0727595

让青少年着迷
的科普书
彩图珍藏版

中国地理未解之谜

胡俊清 ◎编著

吉林出版集团股份有限公司 · 全国百佳图书出版单位

图书在版编目 (CIP) 数据

中国地理未解之谜 / 胡俊清编著 . -- 长春：吉林
出版集团股份有限公司，2013.12（2021.12 重印）
（奥妙科普系列丛书）
ISBN 978-7-5534-3929-7

Ⅰ . ①中… Ⅱ . ①胡… Ⅲ . ①地理－中国－青年读物
②地理－中国－少年读物 Ⅳ . ① K92-49
中国版本图书馆 CIP 数据核字 (2013) 第 317265 号

ZHONGGUO DILI WEIJIE ZHI MI

中 国 地 理 未 解 之 谜

编　　著：胡俊清
责任编辑：孙　婷
封面设计：晴晨工作室
版式设计：晴晨工作室
出　　版：吉林出版集团股份有限公司
发　　行：吉林出版集团青少年书刊发行有限公司
地　　址：长春市福祉大路 5788 号
邮政编码：130021
电　　话：0431-81629800
印　　刷：永清县晔盛亚胶印有限公司
版　　次：2014 年 3 月第 1 版
印　　次：2021 年 12 月第 5 次印刷
开　　本：710mm×1000mm　　1/16
印　　张：12
字　　数：176 千字
书　　号：ISBN 978-7-5534-3929-7
定　　价：45.00 元

前言

Foreword

中国地域辽阔，国土面积达 960 万平方千米。这片辽阔的土地上山川秀美、人杰地灵，到处是令人意想不到的自然奇观。除了人间美景之外，还有很多耐人寻味的地理现象，比如会向上滑行的怪坡，水下古城，还有奇异功能的怪井，更有许多令人恐惧的魔鬼地带，是什么力量造就了这些神奇的地方？又是什么原因让人们对它们如此着迷？下面就跟随本书一起走进这些充满未知的地方吧！

目录

目录

第五章　鬼斧神工谁造就

第一章
神奇的地理现象

　　孔林真的有乌鸦兵守卫吗？石壁上的千年古画为何要泼水后才能显出真容？奇怪的石头上有谁的冤魂让它常常流血？你是不是也对这一个个难解的地理现象充满了好奇？那就走进知识的海洋去破解其中的奥秘吧。

Part1 第一章

为什么没有乌鸦在孔林落脚

山东曲阜的孔林是一座有着几千年历史的人工园林，景区内树木参天、苍松翠柏，按说是鸟儿栖息的好地方，结果却没有乌鸦在这里落脚。经过大量的研究后，"气味说"成为一种比较能令人接受的科学解释。

孔林里栽种着许多奇花异草，珍稀古树，其中像楷树、桧柏、槲树等都是能散发出异味的树种，特别是晚间散发出的味道更浓，乌鸦对这种气味特别敏感，所以就会躲得远远的。

❖ 孔子

于是专家们猜测，正是这些树木散发的气味驱赶了乌鸦。还有证据说，位于孔林西面的一些古树在"文革"特殊时期遭到砍伐，后来又栽上了杨树，偶尔会有乌鸦降落在杨树上栖息，看来"气味说"是有一定根据的。不过这种说法现在仍没有得到科学证实。特别是在我国其他地方同样有栽种不同树木的园林，但从来

❖ 孔林

没有听说过有任何一个园林出现过这种情况，可是这里却见不到一只乌鸦，这是怎么回事呢？

离孔林不远是另一个文物保护单位——孔庙，如果说当地乌鸦少的话，这里却有成群的乌鸦嬉闹栖息，为什么乌鸦总是绕过孔林呢？孔林也叫至圣林，是孔子死后孔家后人的墓地，整个景区占地327亩，园内栽种着10万余种树木，奇花异草更是数不胜数。相传孔子死后，"弟子各以四方奇木来植，

知识小链接

孔林属全国重点文物保护单位，又称至圣林，孔林是孔子及其后裔的墓地。它坐落在曲阜城北，占地300余亩，是我国规模最大、持续年代最长、保存最完整的氏族墓葬群和人工园林。孔子死后，弟子们把他葬于鲁城北泗水之上，当时的埋葬习俗还是"墓而不坟"（无高土隆起）。后来随着孔子地位的日益提高，孔林的规模越来越大。1994年12月被列入《世界遗产名录》

故多异树，鲁人世世代代无能名者"，就是到了现代，仍有很多树木连植物专家也叫不出名来。这里古木成荫，百鸟齐鸣，唯独不见一只乌鸦前来造访，所以也就有了"乌鸦过孔林须绕行"的说法。

❖ 至圣林

孔子与三千乌鸦兵的传说

相传孔子在周游列国时，路上遇到一只被猎人用箭射杀的乌鸦，孔子下车亲手埋葬了这只乌鸦。孔子这一举动被其他乌鸦看见了，它们决心报答孔子。有一次，孔子从外地返回家乡，路上遭遇劫匪，就在危在旦夕的时候，黑压压的一群乌鸦从天而降，很快歹人就被这些乌鸦啄散，孔子这才安全地返回到家中。这就是传说中三千乌鸦兵救孔子的故事，孔子去世后，这些乌鸦兵仍然世世代代地守在孔庙和孔林，从而形成"孔庙乌鸦成群，孔林乌鸦不栖"的神奇现象。

气味说

当然，上面的传说在现在看来没有科学依据，所以很多学者也试图从科学的角度破解其中的奥秘。但都不了了之了。

乌鸦不栖孔林作为一个特殊的自然现象，吸引着多个领域的科学家们的目光，相信在他们的努力下，总有一天这个谜底会被揭开。

❖ 孔子

Part1 第一章

石壁见水显图之谜

四川历史悠久、风光秀丽，素有"天府之国"的美誉，这个人杰地灵的宝地自然能人辈出。

🌿 黑龙潭水库

四川省仁寿县有一个叫黑龙滩的水库，这个水库依山而建，在这座山崖上有一个神奇的景观——"泼水现竹"壁画，被称作"蜀中第一奇景"。据考证，这幅壁画绘于 1071~1073 年间，距今已有 900 多年历史，这幅壁画见水后依然画面如新，实在是神奇。

壁画所处的位置

壁画画于黑龙滩北端的龙泉山上，在龙泉山一处巍峨的悬岩上刻有苍劲的"龙岩"两字，东南方向离两字 30 米开外处有一紫色的石壁，石壁上有一石窟，石窟中端坐一尊大佛。石窟上方偏左侧有一部分凹进去的石壁，神奇的壁画就绘于此处。当人们用水泼在上面之后，很快就会显现出"泼

🌿 龙泉山

❖ 怪石墨竹

水现字"几个大字，从落款处可以得知这些字写于"乾道五年"。在石窟右上方泼水后，出现的是一幅墨竹图，只见竹干亭亭，枝叶栩栩如生，尤如实景一般。

据历史资料显示，"怪石墨竹"的作者叫文同，字与可，又称笑笑先生，是北宋梓州永泰县人，他和清朝郑板桥一样，独爱画竹，不仅如此，他还种竹、写竹，一生与竹子结下不解之缘。仁寿（现称陵州）县志记载："文同北宋熙宁四年知睦州后，在龙岩写怪石墨竹，两壁摩岩隐隐有光。怪石墨竹既无墨迹，又无雕镂痕，用水涤石，画面犹新。"

见水现图的疑问

为什么历时 900 余年之后，字画还能依旧如新？是作者用了特殊的笔墨吗？相传文同还真是用了特制的墨，那墨所用的原料除了松烟、煤烟之外，还放入了一种鱼的尿液，然后用铜制的炼炉熬制，才炼得历经千年不褪色的墨来。当地老百姓对这个奇观又有另外一种说法，龙岩所处位置较为特殊，山崖顶上长满了参天蔽日的大树，岩下的水蒸气共同保护了壁画不受风化影响。更有人说，是文同的表弟——宋代著名文学家苏东坡在密州任职期间，从徽州买来特制的"房墨"赠予了他，而文同就是用这种稀有的"房墨"绘制的壁画。经现代科学化验，"怪石墨竹"所在的紫色岩石，含有化学元素钾，钾的化学特性活泼，能与水发生反应，并生成氢氧化钾，氢氧化钾遇到龙岩泉水就会显出墨蓝色，这是不是龙岩壁画见水显图的真正原因？现在仍然没有定论。

❖ 松烟

石头怎么会**流血**

在南京明代故宫的午门，有一块引人注目的石头，这就是大名鼎鼎的"血迹石"。"血迹石"在中国不止一块，它们各有各的神奇之处。

南京的渗血石

明代故宫的午门里有一块奇怪的"血迹石"，呈青灰色，上面夹杂着一团团绛褐色的斑纹，看上去像是鲜血渗到了石中。传说这块石头和500多年前发生在这里的方孝孺血溅宫门事件有关。

方孝孺是浙江宁海人，又称正学先生，是明初著名的大学问家，但又是保守的儒家文化的代表，以愚忠著称于世。

1402年，当时的燕王朱棣率军从北京一直打到南京，并一举攻克南京城，迫使建文帝自焚而亡。随后朱棣称帝，也就是明朝的明成祖。当时方孝孺在文人圈中

◆ 渗血石

的名气相当大，明成祖有借方孝孺笼络读书人为自己正名的想法，于是下了一道圣旨，邀方孝孺进京任职。不料方孝孺誓死不从，并大骂朱棣窃取皇位，朱棣大怒，想用灭十族的酷刑迫使方孝孺就范，怎耐方孝孺视死如归，最后明成祖真的命人灭了方孝孺的十族，这里面包括他的朋友和学生，因这次事件被砍头的有800多人，这在历史上是一桩千古未闻的血案。相传血迹石就是沾染了方孝孺的血而留下的。

苏州渗血石

除明故宫的血迹石外，在苏州虎丘也同样有一块渗血的石头，被人称作千人石。它又是什么来历呢？相传千人石下就是吴王阖闾的坟墓。吴王阖闾生前征用大量劳力修建了自己的坟墓，他怕工匠们泄露其中的机关布置，于是在坟墓建好后，把匠人们挨个在千人石上斩首，血水渗入石头。每当下雨之后，血水就会渗出来，像是对世人控诉吴王的残暴。

血迹石里真的存有大量的血液吗？如果答案是肯定的话，为什么历经千年之后，血水还没有流干？

渗血石的成因

其实这是人们借历史事件牵强附会的一种说法，事实上血迹石都是沉积岩，而沉积岩大多又是石灰岩构成的。石灰岩形成于海底，是 3 亿多年前大量含有钙质的古生物的遗体沉积形成的。在这期间，海中的氧化铁和氧化锰也参与进来，并形成了绛褐色的团块和条纹，成为石迹石。随着地壳的运动，这些岩石形成山体的一部分。最后又被工匠开采出来当作建造宫殿的材料，实际上它和血液是没有关系的。

后来，人们用现代科学技术终于解开了渗血之迷。原来是千人石下有一层名叫流纹岩的岩石里含有铁元素，在晴日太阳的暴晒下，铁元素与空气中的氧元素发生反应，形成了氧化铁（FE2O3），经千百年风霜雨雪的吹打侵蚀，流纹岩里的氧化铁游离在千人石外，每当遭受狂风暴雨的侵袭后，氧化铁就被雨水冲刷带了出来，故雨水呈现出淡淡的红。

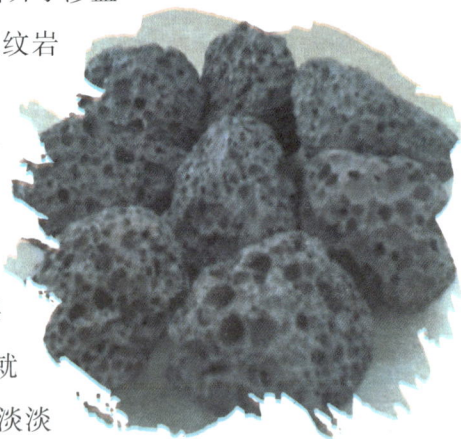

浮岩

Part1 第一章

会唱歌的沙丘

> 大自然的造化千变万化，有时我们不得不在它面前俯首叹服。

歌唱的沙丘

我国拥有几处世界闻名的鸣沙景观，如甘肃敦煌市的鸣沙山、新疆哈密地区的鸡沙山、宁夏中卫县的沙坡头和内蒙古达拉特旗的响沙湾。其中内蒙古自治区的响沙湾最有名，它位于包头市内约 50 千米，地处库布齐沙漠。

说到这里我们要交代一下什么是响沙，顾名思义，响沙就是能发出声音的沙子，有的地方又称其为鸣沙。从外观上看，响沙湾的沙丘和其他沙漠的沙丘并没有什么两样，都呈弯弯的新月形，高约 50 米，坡度不超过 40°。众所周知，白天沙漠的温度是非常高的，特别是炎热的夏季，经过太阳的暴晒，库布齐沙漠的地表温度能达到 50℃以上。如果赤脚走在上面脚底都会被烫伤，就是穿着鞋子，沙子如果钻进鞋里，同样会烫伤足底。所以在景区内的一些沙丘上都铺设了软梯，当顺着软梯走到山顶后，再从沙丘上乘坐特制的滑板滑下去时，滑板两边就能听到阵阵的响声。这种响声不是单一的，有时像机械的轰鸣声，有时又像空竹

沙丘

发出的呜呜声，有时甚至还能发出蛙鸣声。总之，随着滑行速度和重量的不同，发出的声音也不一而足。有时声音非常响亮，就连身在十几米外的游客都能听得清清楚楚。

❖ 响沙湾

沙丘唱歌的原因

人们都在疑惑，为什么响沙湾的沙子能够"歌唱"？在当地流传着一个传说，很久以前这里曾有一座宏伟的喇嘛庙。有一天，这里狂风大作，遮天蔽日的沙子把喇嘛庙整个埋了起来，并形成一座沙山。喇嘛庙里还有很多正在颂经的喇嘛也同寺庙一起被埋在了地下，所以我们听到的响声就是喇嘛们念经、击鼓的声音。当然这只是一个传说，毫无科学根据，那站在科学的角度该怎么解释这一现象呢？

实际上科学界对这一现象也没有定论。有些科学家认为响声的出现是几个因素共同作用的结果。第一是地貌，响沙湾的沙丘呈新月形，而沙丘的对面是一座小山，小山和沙丘之间还有一条季节性的河流，这一要素在我国其他响沙景点也同样存在。

第二是湿度，科学家发现，如果空气中的温度增加，则鸣沙不再响，比如在下过雨之后再去滑沙，就不会听到任何响动。宁夏的沙坡头就是由于植被的增加让当地湿度增加，失去了鸣沙这一奇景。但是沙子太过干燥同样会让鸣沙成为哑巴，像敦煌的鸣沙山，因为月牙泉的泉水日渐枯竭，同样失去了鸣沙的能力。所以湿度也是响沙的一个重要因素。

第三是沙层的厚度也会影响到响沙。响沙

❖ 响沙湾

作为世界上沙漠面积较大、分布较广、沙漠化危害严重的国家之一，中国沙漠化面积已经达到 262 万平方千米，占国土面积的 27%，而且还有扩大的趋势。

湾的沙子下面有一层比较硬的砂砾岩，沙丘顶部和底部可能因为沙层厚度不均，所以滑板在这两个部位都不响，唯独在沙丘中部是鸣沙最响的部分。

第四是沙子本身的原因。凡是有响沙景观的沙丘，沙子的颗粒大小都相当均匀。组成沙子的成分有石英、长石、黑云母等矿物质，当沙粒大小均匀时，沙子之间的空隙就能储藏空气，这是形成声音的重要因素。沙丘顶端的坡度过大，沙层薄，存储的空气不至于发出声响；底层的沙层又过于平缓，发声条件不是很好。所以只有几个原因共同作用下的沙丘中部才能发出多种多样的声音。远道而来的旅客只有了解了响沙的特性后，才能领略到这一神奇现象，如果惧怕沙漠的炎热，而选择雨后或天气凉爽的时候前往，则只能抱憾而归了。

❖ 喇嘛庙

奇怪的冷热洞

我国地域广阔，奇山异洞举不胜举。有这么一个山洞，它脾气多变，时而寒冷刺骨，时而热浪滔天，是什么原因造成它多变的性格的？

这个洞穴坐落于湖北著名的景区——神农架。神农架的名气享誉国内外，在神农架景区有一个彩旗村，冷热洞就在这个村子的附近。

冷热洞位于海拔1500米的半山腰，整个洞长5千米，山洞里面空间宽大，可以容纳两万余成年人。冷热洞的洞口指向南方，如果站在洞口放眼望去全是铁坚杉郁郁葱葱的颜色，洞内呼呼的风直往外冒，让人不觉产生敬畏感。

❖ 神农架

据当地人讲，观赏洞内奇景最好选择春季和夏季，即使在炎热的三伏天，只要脚踏进洞口就能感到寒气刺骨，如果你以为冷热洞只会在夏天变得阴冷就错了。

之所以说冷热洞神奇，是因为在洞内的不同地段可以体会到春、夏、秋、冬四个不同季节的温度。游客在脚刚踏入洞口的时候首先会体会到冬天的阴冷，一直往前走不了多远，忽一阵热浪袭来，让人措手不及，仿佛突然从冬季来到夏季。不仅如此，冷热调还一边湿一边干，而且两处的温度也是界限分明。

夏天来到湿的地方，会感到凉爽怡人，心清气爽，而站在干的地方则浑身燥热难耐，好像置身于炎炎烈日之下；冬天，站在湿的一边，则是从脚冷到头顶，一阵刺骨的寒意，站在干的一边，则有如沐春风、温暖舒适的感觉。

要想体会冷热洞的神奇，只看文字描述是苍白的，你必须亲自来到此处，才能切身体会到大自然的造化。但遗憾的是，冷热洞有一半的空间都是狭窄的，人们无法探知洞内深处的秘密，也许造成洞内冷热分明的神奇力量就来自于洞内深处。

孕育冷热洞的神农架本身就充满了谜团，在这里有野人的传说，各种奇花异草，很多外界没有的生物，这些东西无不吸引着人们好奇的目光。

冷热洞内的天然景观也很丰富，形象逼真的石笋、石柱、石鼓、石帘等，都让游客流连忘返。而洞内冷热交替的奇景，更是刺激了人们一探究竟的欲望。

很多人对冷热洞的现象感到惊奇，实际上，地域辽阔的中国不只神农架有这样的奇观。喀斯特地貌最为丰富的贵州也有一个神奇的冷热洞。和神农架的冷热洞横向变换不同，贵州的冷热洞是纵向变化，形成上下两层不同的温度，游客置身其中，会有上身温暖舒适、下身冰凉刺骨的感觉。

地质科考人员曾多次深入贵州的冷热洞，期望揭开冷热洞的温差之谜。研究人员在进洞之前，下身穿了厚厚的棉裤，上身则光着膀子。进洞之后没多久，光着膀子的上身已经大汗淋漓，而穿着厚厚棉裤的双腿却冻得受不了。根据这个特点，大多数专家认为冷热洞中的地面具有吸热功能，是洞中流动的空气造成上层温度高、下层温度低的奇特景象。但这一说法又不足以解释神农架冷热洞的现象。

也有一些地质学家坚持另一个观点，他们认为冷热洞之所以会形成温差，是洞中岩石不同的结构造成的。洞内地表岩石是一种冰冷的岩石，能吸收热量；而洞顶的岩石又是一种能释放热量的岩石，于是洞内就形成了"上热下冷"的奇特效果。在神农架的冷热洞，同样存在两种不同的岩石，所以就形成了洞内的不同温度。

但是也有人认为这一说法不够严谨，因为放下神农架冷热洞不说，单就贵州的冷热洞而言，洞内上下这么规律地分布着两种不同的岩石也未免太巧了，单靠自然的力量不足以完成这个工作。

直到现在，有关冷热洞的谜团也没有一个公认的解释。

钻石洞

Part1 第一章

一遇地震就**流血**的老龙洞

前面我们讲过了一种遇雨水就流"血水"的渗血石，现在我们再来讲一个一遇地震就流血的洞穴。

美丽的老龙洞

四川省渠县境内有一个老龙洞，它是泥岩裂隙式溶洞，该洞全长 500 米左右，洞宽 1~18 米，高 3~5 米，水深 1~20 米。洞内坚硬的岩石经过水的侵蚀、冲刷和磨砺，形成了各种石花、石柱和石钟等天然景象，其规模宏大，表面光洁，仿佛用翡翠玛瑙雕刻而成的稀世珍宝，洞内两侧七彩斑斓，图案优美，线条流畅，像是一幅幅抽象画，所以这里又有"地下卢浮宫"和"水上画廊"的美誉。

美丽的传说

老龙洞这个名称还跟一段有趣的传说有关：古时候，在龙潭乡白水溪旁住着一户李姓的人家，他们靠种田维持生计。老爷爷和老婆婆都两鬓斑白，干不了太多的体力活儿，所以田里的重活儿都是他们的儿子李昂来做。这个李昂不仅一表人才，而且学识渊博、孝顺父母。有一年，京城开科取仕，李昂便想进京赶考。正当这时，他的父亲却突然离世，为了照顾年迈的母亲，李昂放弃了考取功名的念头，在村子旁边开了一个私塾，招收了很多家贫念不起书的弟子，教他们读书写字，深得百姓爱戴。后来李昂误食了一颗药丸，结果化身为青龙消失在了暗河里，从此这里就有了老龙洞。

奇异的现象

老龙洞的传说已经够神奇了，可是更加让人称奇的是该洞能在地震时流出红色的血水。

据当地的村民讲，近代中国发生的几次大地震，这里都曾流过血水。像唐山大地震、台湾大地震，就连远在印尼的海底地震发生时，老龙洞都出现过这种现象，这么奇怪的现象是什么原因造成的呢？

❖ 老龙洞

专家翻阅了古代资料发现，古代地震时老龙洞就有吐血的记录。于是专家们推断，我国青藏高原是造山运动的结果，四川盆地在远古时期本来是在海底，经过地球板块运动和造山运动的影响，四川盆地抬出了水面，并形成了以盐矿为主体的岩石。渠县老龙洞周围的矿质是石灰岩，经过长年累月的水侵蚀之后形成了溶洞，溶洞深入地下，水流也跟着流到地下形成了暗河。在发生日全食时，是月球离地球最近的时候，月球的引力直接影响地球上的潮汐，地下水层也会受到影响。

有的溶洞是非常深的，有

❖ 老龙洞

西伯利亚"钻石矿陷阱"：这个世界上最大的钻石矿位于西伯利亚，矿坑深度超过 525 米，直径超越 1200 米，在它的周围，一辆庞大的巨型卡车也会显得格外渺小。这个矿坑非常深，呈旋涡状，里面埋藏着大量的钻石。但是，这笔诱惑极大的财富却更像是一个"陷阱"，曾经有一些直升机被吸入坑洞中杳无踪迹，所以这个钻石矿坑附近至今仍有一个禁航区。

的地方会有硫黄，当地下水与非常热的硫黄相遇时会酸化，这些呈强酸性的水与土壤或岩层内的铁矿产生锈蚀，水也变成了褐黄色。这些水的密度要高于一般的水，所以它一直沉淀在地层底部。当月球靠近地球时，岩浆也会跟着月球的引力而变得活跃，这些褐色的酸性水会在压力下被挤出地面。看到这种深颜色的水，可以将其理解为地下正承受着非常大的上升压力，邻近地区将会发生或已经发生地震；如果老龙洞的血水是喷涌而出的，则表示地下的岩浆活动非常活跃，高强度的大地震即将来临。

❀ 老龙洞

地震后地上长白毛

前面我们讲过了地震后流血水的山洞，下面再来看一个地震后地上长白毛的地方。

地震后地上长白毛的现象现在已经看不到了，要想了解这件稀奇的事还要从古籍中找线索。打开地震历史资料，我们可以找到很多地震后地上生白毛的记载。比如公元535年12月"都下（南京）地震生白毛，长二尺"；公元548年10月，江南地震也有同样现象；公元788年3月，"京师（长安）地震生毛，或黄或白，长尺余者"；公元832年3月、1180年6月、1475年5月，苏州、北京、松江等不同地方都记载了地生白毛的现象；1499年5月、1502年、1505年10月，我国各地又陆续出现地震之后"白毛遍地"的现象；1506~1510年间，云南、浙江、河北三省也发生了地震后出现"地生白毛"的事情；1691年4月，福建省某地区发生地震，史书记载"泥土生毛"；1749年5月，江苏常州发生地震，记载显示"生白毛，细如发，长尺余"；1785年3月，福建省再次出现"福建南安地震生毛"的记载，这次地震之后，就再也没有其他震后地上生白毛的记载了。

现代的地质学家对

❖ 地震

震前动物有前兆，群测群防要做好。牛羊骡马不进圈，老鼠搬家往外逃。

鸡飞上树猪拱圈，鸭不下水狗狂叫。蜜蜂群鸟迁家忙，大猫叼着小猫跑。

冬天蛇蛙早出洞，鸽子惊飞不回巢。兔子竖耳蹦又撞，鱼儿惊慌水面跳。

家家户户都观察，综合异常做预报。

史书上记载的这一现象十分好奇，通过仔细归纳，他们发现了几个有趣的现象：一是这种记载多出现在南方各省份，北方地区没有出现过类似的记载；二是发生在春夏时节的地震才会出现这种现象；三是长出的毛以白色为主，个别地区出现过黑、黄、红色的毛；四是也有一部分地生白毛的现象，但之前并没有地震发生；五是这些现象多发生在古代，近代都没有相关记载。

虽然缺少现实依据，但是几百年的历史资料不会说谎，也就是说地震后长白毛的现象在以前是真实存在的。但是这种白毛是什么东西呢？为什么现在发生地震之后却看不到这种现象呢？长出的白毛又是什么样子，什么成分的？因为没有实物研究，这些问题还无法解答。有专家推断这些白毛应该是一种竖起的丝状物，可能是地震发生时地表摩擦产生的静电引起的。

现在只有等待机会，再遇到这种情景时才能做进一步的研究。

❖ 地震后

这里是**矮人**的国度

我国地域辽阔，人们因为生活水平和饮食习惯的不同，造就了人高矮胖瘦的不同。像北方人身高普遍比南方人要高。现在我们就一起走进一个矮人村，看看那里的人又有什么样的故事。

都是矮人的村落

矮人村位于四川省西部一个偏远的地区，凡是这个村的村民，个头都比别村的人矮许多。全村的人如果集合在一起，就像一群小学生站在一起一样。这个现象引起了国家相关部门和四川省的重视，他们专门派了专家前来调研，经过一系列的研究化验，发现这里的村民并不是因为侏儒症而个子矮，其真正原因就连专家也答不上来。

这个矮人村叫阳鸣村，位于四川资中县境内的一个山区。听这里的老人讲，"矮人村"并不是有史以来一直存在的，而是 20 世纪 30 年代之后，这里出生的人才莫名其妙患上了矮人症，真到今天再没有一个人的身高超过一米以上。这里的村民普遍身高只有 80 厘米，最矮的只有 40 多厘米，就连幼儿园的孩子都比他们个头高。

据乡镇工作人员介绍，20 世纪 60 年代，该村人口约为 120 人，现在只有 110 人。村子修建在几座大山的山谷中，他们平时依靠种田为生。矮人村的

◆ 矮人村村民

村民因为个子太矮，很难找到"般配"的对象成家，所以村里有很多"孤寡、单身"的村民。有的村民成了五保户，只能靠政府来养老。

矮人成因的调查

是谁在这里施展了"魔法"，停止了村民的生长呢？

❖ 矮人

从医学角度讲，人体生长是由脑垂体分泌的生长素决定的。由于生理条件不同，会导致人的生长素分泌水平的不同，如果生长素分泌不足，就会出现生长缓慢或停止生长的现象，身材就会比常人矮小。据"矮人村"的村民介绍，他们小时候的生长发育和其他孩子没什么不同，可是奇怪的是，等他们长到五六岁时就再也不长个儿了。

如果人长不高令人奇怪也就罢了，在"矮人村"生长的一些农作物也同样"袖珍"，于是人们把目光转移到村中央一口20世纪20年代开采的水井上。省、市派出了多学科的专家到此对井水做了细致的化验，化验结果是水中的钙、磷等各种微量元素远远低于正常的水源。于是，村民就把长不高的原因归罪于这口水井。

为了改善阳鸣村村民的精神面貌，政府部门共出资十几万元为该村修建了蓄水池，从附近的水库中引水供村民们使用。但过了一段时间，村民们仍没有长高的迹象，直到这条管道破损之后，村民们就又开始饮用那口井的井水了。

让阳鸣村的村民停止生长的魔咒真的出自井水吗？阳鸣村的村民们正翘首以盼，希望早日找到"元凶"。

Part1 第一章

会开花的"石钟乳"

开花是植物孕育繁殖的重要一环，可你见过会开花的石头吗？

白云洞的奇异花

据地质学家研究，崆山白云洞早在 5 亿年前的中寒武纪就已经形成，是我国北方罕见的洞穴景观，洞长 4000 米，最大的洞厅有 2170 平方米。

白云洞共有 5 个洞厅，并已对游客开放，这些洞一个套着一个，一个厅连着一个厅，依据其景象变化，人们为它们依次起名为"人间""天堂""地府""龙宫""迷乐"。五个洞各有各的特色，各有各的亮点。在这些洞厅里，因碳

❖ 石花

酸盐沉淀而形成的石钟乳、石笋、石幔、石帘、石瀑布、石帘花等景观比比皆是，造型栩栩如生。其中最有代表性的是"节外生枝""线型石管"和"彩色

❖ 石钟乳

石幔”，这些景观如葡萄，似珍珠，这在我国其他溶洞中是很难见到的。

❖ 白云洞

蟠龙洞的"宝石花"

我们再来到广东云浮蟠龙洞，这里也有可以媲美白云洞的石花。蟠龙洞最有代表性的景观当数洞内岩壁上自然生长出的"宝石花"了，这些石花晶莹剔透，如水晶雕刻一般，形态万千、熠熠生辉。这些石花造型之逼真在世界其他各国是很难见到的，所以在 1987 年《国际洞穴年会》上，蟠龙洞被协会定为"世界三大石花洞"之一。

更令人称奇的是，石花并没有定型，而是仍在不停地生长。这些石花仿佛并不受地球重力的影响，向四周节节开花，就像人的头发不停地向外生长，成为真正意义上的"永不凋谢的花"。

美丽的银狐洞

北京房山区也有一个溶洞，它就是著名的银狐洞。洞内同样有数不清的石幔、石盾、石蘑、石旗、石笋、鹅管等钟乳石奇观，此外还有罕见的石菊花、石珍珠等悬垂于

❖ 银狐洞

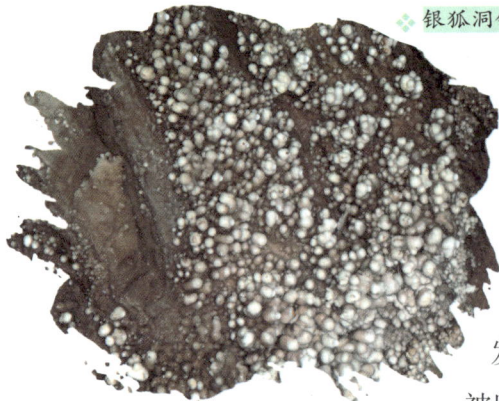
❖ 银狐洞钟乳石

洞顶的钟乳石。这些都还不是最有特色的，这里的一个长近两米、形似狐狸的大形晶体才是吸引人们前来的主要景观，经国内外专家的鉴定，这种形态逼真的动物形象还是首次发现，可称得上中华瑰宝，所以此洞也被以银狐洞命名。

对"银狐"的成因，专家们给出了不同的解释：一种说法是由于雾喷凝聚而形成的；另一种说法是银狐外的丝绒般的毛状晶体内含有某种物质的水溶液经渗透凝结而形成。两种说法各执一词，没有定论。

知识小链接

钟乳石，又称石钟乳，是指碳酸盐岩地区洞穴内在漫长地质历史时期和特定地质条件下形成的石钟乳、石笋、石柱等不同形态碳酸钙沉淀物的总称，钟乳石的形成往往需要上万年或几十万年时间。由于形成时间漫长，钟乳石对远古地质考察有着重要的研究价值。

❖ 银狐洞溶液

Part1 第一章

自动向上滑动的怪坡

> 我们在向上爬坡时都会感到比走平地时吃力，可有这么个坡，当车辆上坡时可以熄火，但车辆会自动向上滑行，实在令人称奇。

这种怪坡在中国还不只一处，但它们有一个共同的特点，上坡容易下坡难。明明是从坡下向上走的车辆，却可以不靠外力自动向上行驶，很多长年开车的司机朋友也琢磨不透其中的道理。

❖ 怪坡

1990年4月，在沈阳市东部山区的一个山坡下开来了一辆车，这辆吉普车由两个年轻人驾驶，当车到了坡下之后，司机打算暂时把车停在这里，他钥匙一拧，就把发动机停了。奇怪的事发生了，吉普车竟然自动缓缓向坡顶走去，不一会儿就来到了坡顶。这让两个人大感意外，于是又把车开到坡下想看看是怎么回事。试验的结果和上次一样，不用启动发动机就能自己向坡顶走去。

在山东济南，也有一个与之类似的怪坡，这个怪坡位于济南经济学院以南1.5千米处。发现这个怪坡也属偶然。有一次，一辆汽车走到坡下突然熄火，怎么也发动不了汽车，就在检查原因的

知识小链接

位于安徽省马鞍山市濮塘镇玉泉景区内的"怪坡"全长约150米，坡度约为35°，是国内最长的怪坡。路口，立着一个白色石碑，正面写着"怪坡"两个字，背面有相关介绍：车倒爬，水倒流。在坡道下方马路中央有一个金属点，在金属点往上至石碑处就是怪坡的主要坡段。

姊妹怪坡介绍

时候，司机突然发现汽车缓慢地向坡上驶去，司机不敢相信自己的眼睛，又试了几次都是同样的结果。这一发现被公布后，很多司机朋友前来试验，结果都发生了这种现象。于是当地人给这种现象起了一个形象的名字——"倒行逆驶"。

在河南汝州市以北9千米外也有一个怪坡，这个叫"姊妹怪坡"的小坡并不长，但是车辆停在坡下就能自己向高处走，不仅如此，如果遇到下雨天，地面上的雨水也会顺着坡道向高处流。

不仅我国，在国外也曾报道过类似的怪坡现象，这是一种什么样的力量在发挥作用呢？

首先"重力位移"说被提出来，所谓重力位移就是在这些坡上，由于某种不得而知的神秘力量的推动，车辆的重力点发生位移，导致汽车下坡不走，却能自动上坡的奇怪现象。当然，这种说法不能被科学家接受。即便是提出这种说法的人，也说不出这种神秘力量是什么。

也有人认为是怪坡上的磁场变化导致了这种诡异的现象。他们相信在怪坡的顶端有一种非常强的磁力，汽车在坡下时就被磁力吸到了坡顶。而下坡时，又因为被磁力所吸引，所以下坡反而困难。如果真的是磁力的原因，为什么对不同的物体会产生不一样的结果？

还有一种

看着是下坡，其实是上坡

"错觉说"被科学界所认同。持这种观点的人认为，这些坡实际上并没有魔力，只是人们的错觉把上下坡颠倒造成的。因为很多怪坡的旁边都有一个起伏更大的坡，人们走到怪坡前时，就会用旁边更大的坡度做参考，所以就成了视觉上的误差。

"错觉"说好像可以解释怪坡之谜，但是，并不是每一个怪坡旁边都有可参照的山坡，所以这一说法同样遭到了人们的质疑。一些地质工作人员也曾用专门的仪器对怪坡进行了勘测，发现它们确实有货真价实的坡度，车辆也确实是向上滑行。

李政道是知名的物理学家，就连他也无法解释这个神奇的现象，于是他开玩笑地说，谁如果能解决这个怪坡之谜，拿下诺贝尔奖将不是问题。世界上的怪坡数量不少，很多人都慕名前往体验自动上坡的乐趣，所以很多怪坡成了旅游胜地。

❖ 怪坡

能**预报天气**的水井

水井是为了提供饮水和灌溉的基础设施，但有的水井却另有用途，比如说能预报天气，你听说过吗？

❖井

我们要讲的这口水井位于江西省安远县的下龙村，这里有两口水井，分别设于村头和村尾，两井间隔 840 多米。据老人讲，这两口水井约有 500 年以上的历史了。

下龙村的这两口井从外观上看与其他地方的水井并没有不同，但是这两口井却是长方形的布局，村头的水井长 1.6 米，宽 1.2 米；村尾的水井长 1.2 米，宽 1.8 米，两口井都是用大青石堆砌的。

怎么通过水井观察天气呢？据村民介绍，要想通过古井辨识天气，就要在傍晚时同时观察两口水井的水质，因为预报同一种天气，两口水井的水质截然相反。比如村头水井 ❖辘轳井 的水质如果非常混浊，第二天可能就是阴天；村尾水井的水质如果混浊，那么第二天就是大晴天。反过来，如果村尾水井的水非常

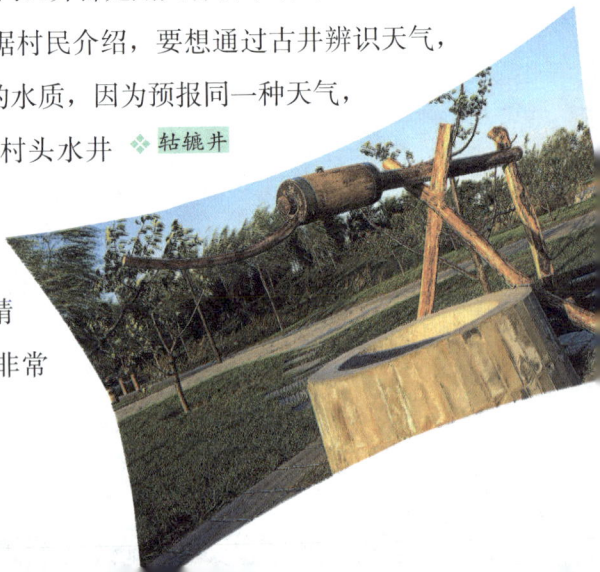

清澈，那么第二天就会是阴天；村头水井的水如果清澈了，那么预示着第二天就是晴天。

下龙村的村民世世代代都是通过这两口水井的水质来预知天气情况的。这种奇怪的水井不止下龙村有，远在贵州省石阡县的葛荣村也有一口能知天气的水井。

这口水井也有100多年的历史了，在村里没有通自来水之前，这口井一直是该村饮用水的来源。据村民介绍，要想预知未来几天的天气，就要通过观察井水的清浊度来判断。而且天气不同出水量也不同，如果有一天井水突然激增，说明未来天气将会有大的变化。此外，如果井水清澈见底，那么未来几天都是以晴天为主；如果井水浑浊，那么就会有雨水降临。

无独有偶，在四川省蒙顶山上有一口"法力无边"的水井更让人们百思不得其解。这口水井上还有一个井盖，据说如果有人掀开井盖，不出多久，就会电闪雷鸣、风雨大作。

一些专家听到这个奇闻都非常感兴趣，于是特意赶来一探究竟。这天，是个风和日丽的好天气，专家们一同来到蒙顶山上，对这口水井进行实验。专家们把井盖打开，抬起头等待电闪雷鸣那一刻，可是天空依旧艳阳高照，并没有传说中的狂风大作，可是过了20多分钟，天气突然阴沉下来，不一会儿就下起了雨。

这口水井原名甘露井，后改名为古蒙泉，建于西汉年间，迄今已有2000多年的历史。据当地人讲，蒙顶山上原住着一条青龙，这条龙经常兴风作浪，给当地降下连天暴雨，水灾让百姓苦不堪言。村民为了镇住这条恶龙，就修了一口漂亮的水井，青龙看到

水井

我们通常所见的水井水位都是低于地面的，可是在江西南康市十八塘乡群丰村却有一口怪井，水位竟然高出地面一米多。这口井直径80厘米，井水清澈见底。开凿这口井的段先忠说，他准备挖一个10米深的井，没想到刚刚挖了4米，井水就不断冒出来，用水泵抽也抽不干。看到水涌出来，挖井的师傅便往井下放井箍。井箍放到靠近地面的时候，水已经超过了地面。现在这口井的地面上加放了三个井箍，水位已经高出地面一米多，可井水仍然不断往上冒，经常溢出井箍。

后就以水井为家，人们就在井口加了井盖把青龙困于井下。井盖一旦打开，青龙就会蹿出来祸害百姓。

当然，这只是迷信传说，不足以说明古蒙泉为何会招来雨水。但是这一传说说明很久以前这口水井就有"呼风唤雨"的本事了。科学家们对这一现象也是百思不得其解，只能猜测下雨是跟掀井盖时发出的声音震动有关。古蒙泉在海拔很高的山上，人们在掀开石头井盖时会引起振动，振动传到天空中飘浮的云层中就会引起降雨。还有科学家认为这一现象本身就是一个巧合，没有什么研究价值，理由是蒙顶山所处的四川雅安市本身就是多雨湿润的城市，就算人们不掀动井盖，这里的雨也常常不期而遇。

这些有神奇本领的水井就这样静静地端立在原来的位置，它们的神奇也吸引着游人前来一睹风采，但它们为何会有如此神奇的本领，现在也没有一个准确的解释，也许这就是它们独特魅力之所在。

◇古井

Part1 第一章

堪称**惊奇**的土地

土地给我们的印象都是用来种粮食、种花草，是用来种植植物的，可当你看了下面的土地后，会对它有一种新的认识。

能种出香稻的水田

四川省石柱土家族自治县悦来乡寺院村土家寨有几块能种出香稻的水田，让人看了啧啧称奇。这里共有五块田具有这样神奇的能力，五块田合起来约有两亩，它们分布在数百亩梯田中，从外貌上看和其他稻田无异，但在同种、同播、同样的管理下，却能长出不同的稻米。更令人称奇的是，不管选用什么样的稻种，在这五块地里生长产出的都是香稻，而且这几块田地不惧旱涝，种出的稻米一直比周围田地里的稻米质量要好许多。石柱寺院香稻自汉代起就已经远近闻名，作为巴蜀的特产，每年都会精心挑选一批上等稻米作为贡品献给皇宫御用。

❖ 香稻

不断喷射奇特香味的土地

在我国还有一处神奇的土地，这块土地本身就能释放香气，在国内外都实属罕见。这块土地位于湖南省洞口县门镇清水村西，面积约 50 平方米。这块不大的土地像是撒了香料一般，不断地喷射出奇特的香味，但当你走出这

知识小链接

土壤是尚未固结成岩的松软堆积物，主要为第四纪的产物。土壤与岩石的根本区别是土壤不具有刚性的联结，物理状态多变，力学强度低等。土壤由各类岩石经风化作用而成。土壤位于地壳的表层，是人类工程经济活动的主要地质环境。土壤与岩石都是工程岩土学的研究对象。

块地一米之外时，就再也闻不到香气了。当地群众介绍说，这块地被称为"宰神仙香地"，香气一年四季不会间断。有人猜测地下一定埋有宝物，但挖了很深也没见任何宝物出现。这里的香气并不是均匀的，早晨太阳微露时，土地散发的香气是最浓的；正值中午时，土地散发的香气又变得很淡，阴天、黄昏和雨后香味也会变浓。这种香气非常特别，但又与花香截然不同，有人推测可能是地下某种矿藏产生的香味，但土质中什么微量元素能散发香味，现在科学界还没有记载。

能不播种就收获的神奇土地

湖北省兴山县香溪口是王昭君的故里，在这里有一块面积约 200 平方千米的土地，最近出了名。

平日里这块土地都生长着灌木，当地人每年冬天都会放火烧掉这些杂草。第二年春天，几场春雨过后，这里就能生长出碧绿的油菜。附近 20 多个村庄的村民们就享福了，他们每户可以收获油菜籽 60 多千克，基本上能满足一年的生活用油。一位村民介绍，他从小就吃这里的油菜，几辈人都是如此。1935 年这里曾发过一次大水，坡上的植物都被连根卷走，土都被冲掉了一层，可是第二年，油菜照样生长。据当地人讲，这和王昭君还有关系呢。传说昭君被选召入宫时，在这里种下菜籽，并希望油菜能"连发连发连年发"，结果这些油菜果然能连年生长。

❖ 油菜

第二章

恐怖的不毛之地

这是一些令人不可思议的地方，这里的井水会沸腾，这里的山谷会杀人，这里会让人不寒而栗。为什么在这些地方人会受到自然力量的捉弄？它们的背后有什么不为人知的力量呢？请随我们寻找你心中的答案吧。

沸腾的井水

水只有烧开达到沸点时才会沸腾，但是有这样几口水井，里面的水无时无刻不在沸腾，它们的背后隐藏着怎样的玄机呢？

神秘的沸腾井

在江苏丹阳延陵镇九里村有一处名胜称作季子庙，季子庙东南约百米的地方有六口古井，这六口井排列于村子的河塘边，每口井相距不足几米。青石的井沿上留下了历代村民取水时绳索

❖ 季子庙的六口井

的磨痕。向井内望去，会发现每口水井内的井水都在翻涌沸腾，其中三口水井的水质很清，清似矿泉；另外三口水井的水质又很浊，浊似泥浆。伴着沸腾的井水，像珍珠一样的水泡也随水花翻涌。水塘沿着水井的一侧也有气泡不断地冒上来，所以村民称这个塘为"沸井塘"。

不同味道的井水

虽然有三口水井的水质很混浊，但并不影响饮用，更为奇怪的是，距离这么近的几口井，水的味道还不一样。有的像啤酒、有的像饮料，还有的如放了调料一样发出苦味和辣味，难道水井下面有一个天然的调料源？

对于这种奇怪的现象，专家们给出的解释是，它们的味道之所以不同，主要是由于水里的化学成分不同造成的。别看几口水井离得很近，但这些水来自不同的支脉，所以造成它们的味道各不相同。

成因的猜想

1. 身处岩石断裂带

一位专家对这几口水井进行了实地考察，他认为"沸井"处于岩石的断裂带上，地层中可能含有具有高挥发性的氟化物、氮化物、硫化物等气体，这些气体会渗出地表。

2. 汪洋留下的痕迹

东南大学的一位教授却有不同的意见。他认为远古时"沸井"周边曾是一片汪洋，海洋生物生长茂盛。后来，水面缩小，这里成了沼泽滩地。在漫长的地质演化当中，大量动植物被埋进地层，经过物理作用之后，形成大量的二氧化碳和甲烷气体，这些气体在地层深处，顺着土层渗出水面就形成了"沸井"。

知识小链接

地热是来自地球内部的一种能量资源。地球上火山喷出的熔岩温度高达 $1200℃ \sim 1300℃$，天然温泉的温度大多在 $60℃$ 以上，有的甚至高达 $100℃ \sim 140℃$。这说明地球是一个庞大的热库，蕴藏着巨大的热能。

人们纷纷来季子庙参观

阴森的"魔鬼谷"之谜

"魔鬼谷"位于青海省，每当有人或牲畜进入谷中后，那么就会降雨，然后造成人或牲畜的伤亡。是什么可怕的力量在摧残进入谷中的生灵呢？

◆ 夜晚电闪雷鸣的魔鬼谷

在我国西北边陲有一个长100千米、宽30千米的狭长谷地。它东起青海省茫崖镇，西至新疆若羌县境内的沙山，谷地海拔3200米左右，谷内绿草丰沛，是一个很好的天然牧场。但是看似平静的峡谷却被人冠以"魔鬼谷"的称号，当地人都不敢贸然前往，因为曾有许多走进峡谷的人再也没有出来。有关"魔鬼谷"的传说在当地也已经流传了几千年：当黑云笼罩山谷的时候，就会伴有电闪雷鸣，点点的鬼火也会忽闪跳跃，死去牧民的鬼魂也在悲惨地哭泣。这就是"魔鬼谷"名字的由来。

传说是有根据的，"魔鬼谷"在天气晴朗的时候除了空旷无人之外，并没有什么可怕之处。但是，一旦天气阴沉下来，紧跟着就会电闪雷鸣，此时如果有人还没有撤出魔鬼谷的话，就很容易遭到雷击，将会尸骨无存。

科学考察人员在勘探了当地的环境以后，推测这里并没有什么鬼怪在作祟，而是由于容易遭受雷击所致。原来，这里有许多火山喷发后形成的具有高磁性的岩石，还有众多铁矿和石英岩，这三者结合组成了一个巨大的地面

魔鬼谷谷地南有昆仑山主脊高耸入云，北有祁连山阻隔着柴达木盆地。这里经常会发生诡异的电闪雷鸣，并伴有大量的牲畜死亡，被当地人称为"魔鬼谷"。

磁场。由于受到昆仑山的阻挡，潮湿的空气在魔鬼谷中汇集，所以很容易形成雷电云，这些云带有大量的电荷在空中构成强电场。

当空中的电场和地面的磁场相互作用后，就形成了雷电现象。由于谷中没有高大的建筑和树木，所以人和牲畜就成了容易受电击的对象。在谷中，夏秋两季有50多天会发生雷电现象，是昆仑山其他地方的6倍。

虽然这位地质学家提出的猜测具有一定的科学性，但是不足以揭开"魔鬼谷"之谜，因为到目前为止，还没有任何人能穿过这条山谷，更没有一个活着的人描述过在山谷中的遭遇，在没有细致的考察和取样前，还不能妄下结论。

❖ 天气阴沉下来的魔鬼谷

魔鬼城是怎样一个地方

我国幅员辽阔，在祖国各地都有非常奇妙的地理现象，下面我们再来认识一个隐藏在荒漠中的神奇之地。

在我国新疆准噶尔盆地有一处荒漠，在那里矗立着一座高大宏伟的古城堡。从它斑驳的城墙上可以看出它历史的久远，古堡中街道的印迹清晰可辨，古老的民房也排列整齐。这个古堡可以容纳很多人，但是却没有一个人生活在这里，所以当地人称它为"魔鬼城"。

20世纪初，有一支外国探险队走进了新疆准噶尔盆地，一天傍晚，一座宏伟的古堡渐渐清晰了起来，当他们走近一看，发现这座古堡建筑完整，街道、城墙、民居一应俱全。城内还有一座宝塔，可是这么宏伟的城

❖ 魔鬼城

❖ 魔鬼城

市里却找不到一个人。探险队非常兴奋，他们以为自己有了新发现，并准备第二天继续对这座古堡进行勘探。

第二天，等他们睁开眼睛再看这座城的时候，不由得大失所望。眼前哪里还有古堡的踪影，这不过是大自然雕刻的一件作品罢了。

这座城位于准噶尔盆地的中部偏北，克拉玛依市东北的乌尔木镇附近，蒙古语中称它为"苏努木哈克"，哈萨克语称它为"萨依但克尔希"，两者翻译过来都是"魔鬼城"的意思。"魔鬼城"整体面积约 60 平方千米，所处位置海拔 300~400 米。城内"建筑"全部呈赭红色，城内平时人迹罕至，阴森异常，而且不时还会传出阵阵哀鸣，不禁使人毛骨悚然，所以它便有了"魔鬼城"的称谓。

自从外国探险队发现它的位置之后，又有无数探险者来到这里。有关"魔鬼城"的文字记载也开始出现在媒体上。20 世纪末，有一对外国夫妇慕名而来，他们原本打算在城堡内过夜，然后第二天再进行探险。但是他们没有坚持到第二天天亮就连滚带爬地逃了出来，他们脸色苍白，对接应的人说："太恐怖了，那种声音简直让人难以忍受！"

他们形容的那种恐怖的声音，实际上就是"魔鬼城"独有的"哭声"。我们站在地理角度上看，"魔鬼城"正好处于中国大风最多的地区。每当狂风大作的时候，呼啸的狂风就会席卷整个城堡，风吹过的地方，各种意想不到、闻所未闻的声音响彻城内，让人毛骨悚然，

> **知识小链接**
>
> "雅丹"是维吾尔语，原意是指具有陡壁的小山。在地质学上，雅丹地貌专指经长期风蚀，由一系列平行的垄脊和沟槽构成的景观。新发现的这处雅丹地貌，面积约 400 平方千米。它的形成经历了大约 30 万~70 万年的岁月。当大风刮过时，会发出各种怪叫声，这里因而也被人们称为"敦煌雅丹魔鬼城"。

不寒而栗。特别是在傍晚和暴雨来临之前，整个"魔鬼城"上空笼罩着厚厚一层乌云，各种丘陵若隐若现，在呼啸的风号中更显得狰狞可怕。

是什么原因造就了"魔鬼城"谜一样的面貌呢？有人认为，"魔鬼城"里有许多沉积岩相互叠加形成的沉积岩层，这些沉积岩长年裸露在空气中，白天遭受着烈日的炙烤，晚上又遭受寒气的侵蚀，冷热的交替让岩石在热胀冷缩中开裂、成孔。这些沉积岩的属性并不相同，有的质地坚硬，有的却很柔软，遇上大风就容易风化。我们可以想象一下狂风骤起的情形，"魔鬼城"还处于风口前沿，当狂风吹过沉积岩的时候，那些干裂的岩石缝隙和石孔就能发出像哨子一样的尖叫声。整个城内分布着不计其数的"哨子"，所以就会产生各种各样的声音。虽然城内"乐器"很多，但它们奏响的不是悦耳的音乐，而是鬼哭狼嚎般的叫声。

整个"魔鬼城"内的景象全部呈赭红色，这又是什么原因造成的呢？有专家认为准噶尔盆地曾经有一段时期非常炎热，这种情况一直持续了整个地质时期。岩石在长期的高温烘烤下，被氧化而呈现出赭红色。

"魔鬼城"到了今天也依然是迷雾重重，它那让人费解的地质现象吸引着一批又一批的科考工作者和游客，除了一窥它的风貌外，人们也想揭开其隐藏的谜团。

❖ 魔鬼城

Part2 第二章

会爆炸的沸水

在世界屋脊——青藏高原上，有许多谜一样的景观，比如下面我们要介绍的会爆炸的沸水。

青藏高原上分布着众多地热资源，大大小小共有 1000 余处。特别是西藏自治区南部，地热资源更加集中。南起喜马拉雅山，北至冈底斯山和念青唐古拉山，这个范围内的地热资源非常丰富。这些地热资源和喜马拉雅造山运动有关，所以我国地质学家们习惯称之为喜马拉雅地热带。这条宽广的地热带中分布着热水湖、热水沼泽、热泉、沸泉、汽泉和其他地热显示类型。其中尤以水热爆炸和间歇喷泉最为著名，世界都属罕见。是什么原因造就了这些地质奇观呢？

迄今为止，在喜马拉雅地热带已经发现 11 处水热爆炸区，其中的玛旁雍热田最具有代表性。有幸目睹过这一奇观的人介绍，1975 年 11 月西藏自治区普兰县曲普地区发生了一次水热爆炸，当时轰天巨响吓得牛羊都四散奔逃。爆炸产生的黑烟像一条黑龙直插蓝天，上升到 900 米时，巨大的黑烟被风吹散，化作云团飘走了。爆炸抛出的石块大的直径达到 30 多厘米。爆炸发生九个月之后，穴

◆ **水热爆炸**

❖ 眼镜泉水热爆炸

口仍旧被弥漫的蒸汽所包围，并留下一个直径约 25 米的大坑，坑内的水也变成了热水塘，水塘中心有两个沸泉口，整个水塘热水翻涌。因为人们无法到达泉口，所以不能测出泉水的温度，但水塘岸边的水已经高达 70℃。

水热爆炸是一种猛烈水热活动的现象，爆炸时能在地表产生一个漏斗状的爆炸穴，爆炸发生后，泉口的涌水量会逐渐减少，水质也会变得清澈，水温会越来越低。水热爆炸一般发生得很突然，不存在前兆特征，整个爆炸过程也很短暂，通常都在 10 分钟以内。因此只有少数幸运的人才能观赏到这种地热奇观。

有地质学家认为，应该把水热爆炸归类于火山活动的范畴，因为目前只有美国、日本、新西兰和意大利几个国家出现过水热爆炸，但它们的共同点是都发生在近代火山区内。可是青藏高原上的水热爆炸现象与现代火山没有一丝联系。它是以岩浆热源为基础的热水层中，在复杂的地理环境中，高温

❖ 喜马拉雅山脉

热水发生汽化，体积迅速膨胀几百倍，产生的压力掀开上面的岩层而形成的爆炸。高原上水热爆炸的规模一般都很小，但同一地点发生水热爆炸的频率却很高。像苦玛每年发生四五次，有的年份则多达 20 余次。这些频频发生的爆炸活动说明地下热传递的速率非常快，所以热量的累积也很迅速。从发生的水热爆炸报道上看，这个热源应该是非常年轻的岩浆入侵体。因为自 19 世纪末，已经有非常多的国内外探险者来到过青藏高原，但是都没有过水热爆炸的记载。到了 20 世纪 50 年代以后，这一现象才经常发生，并被地质工作者所重视。

❖ 间歇性喷泉

西藏自治区是我国唯一发现间歇喷泉的地区，这里共有三个间歇性喷泉。而高温间歇喷泉更是大自然的馈赠。所谓间歇性喷泉就是在地表以下，通过特定的自然条件，使地下高温热水做周期性的水汽两相转化，泉口就可以间断性地喷出大量汤水混合物的一种自然现象。它的最大特点是，相邻两次喷发之间有一定的静止间歇期。

这种奇特的交替变幻的地质现象须具备一定的地质条件才能完成。间歇喷泉通常位于坚固的泉华台地上，它下面一定要有一个庞大的"储水室"和四周都能补水的给水系统，底部还要有高温热水或天然蒸汽加热，顶部要有一个细长直管构成的抽送系统。全部的构造组合成一个地下的"大锅炉"。当水室的

知识小链接

内蒙古自治区赤峰市有三处热泉。克旗热泉出口水温 87℃，宁城热泉出口水温 96℃，敖汉热泉出口水温 66℃，均含有放射性气体和多种化学元素、微量元素，医疗价值高，开发潜力大。目前，这三个地方都建起了不同档次和规模的旅游疗养设施。

❖ 羊八井盆地的温泉

温度逐渐升高，水开始蔓延，当水温达到沸点时，骤然汽化所产生的膨胀压力通过直管把水汽喷发至地面，形成激喷。水汽排空后，重新蓄积热量和蒸汽，孕育下一次的喷发。

在拉萨市西北 90 千米处有一个海拔 4200 米的羊八井盆地，这里也是典型的水热爆炸类型的热田之一。这里有一些巨大的温泉，高温形成的蒸汽升到空中形成一个个壮观的白色汽柱，十分壮观。地热田的东北方还有一个面积为 7350 平方米，深 16 米的热水湖，湖水清澈，热水源源不断地向上翻涌，湖面水温在 45℃ ~59℃之间，湖区南面有个渠道引水外流，流量每秒达 33 升，当地居民就地在这里修建了一个温泉浴室，人们可以在这里洗上舒适的温泉浴。

❖ 羊八井盆地

Part2 第二章

飘忽不定的**罗布泊**

远在戈壁的罗布泊面目狰狞，但它在历史上也曾经是一个牛马成群、绿树成荫、水草丰沛的地方。谁能把它与现在的不毛之地联系在一起呢？

罗布泊

罗布泊概况

在地图上可以找到罗布泊的位置，它位于新疆维吾尔自治区东南部，那里曾经是一个巨大的湖泊。但是几百年里，由于自然变化，罗布泊的湖水突然大量减少，到 1962 年时，湖水面积仅剩下 660 平方千米，8 年之后，罗布泊彻底干涸。现在的罗布泊已经无法与水联系在一起了，沙化的土地暴露在炎热的太阳下，放眼望去看不到任何生物的踪影，就连一棵草都很难发现。

恐怖的一面

如果罗布泊给人的第一印象是荒凉，那么深入了解后就会发现，它还有恐怖的一面。历史记载，在东晋时期，罗布泊是一个非常美丽的地方，但一

❖ 罗布泊诡异事件

位云游的高僧曾记下"沙河中多有恶鬼热风，遇者则死，无一全者"，这是关于罗布泊第一次"负面新闻"的记载。

1958 年，人们在罗布泊发现了一架于 1949 年失踪的飞机残骸。

令人疑惑不解的是，这架飞机正常的航道应该是向西北方向飞行，但飞机残骸的位置却表明它的航向偏移，正朝正南方向飞行。

1955 年，有三个探险者乘车对罗布泊进行探险活动，他们深入罗布泊没多久就失踪了。最后有两个人的尸体在距楼兰 17 千米处被找到。在尸体不远的地方停着他们的车子，上面各种物资一应俱全，说明他们不是饿死的。

1980 年，我国科学家彭加木在对罗布泊进行科学考察时意外失踪，为了搜救，政府出动了大量人员和飞机对这一地带进行地毯式搜索，结果活不见人、死不见尸。

1996 年，我国经验丰富的探险家余纯顺在罗布泊遇难。人们事后对这位有着丰富探险经验的人为何会偏离原定路线而感到大惑不解。

罗布泊到底有着怎样的魔力，让它成为让人闻风丧胆的魔鬼之地呢？

❖ 罗布泊诡异事件

飘忽不定的位置

罗布泊也让其他国家的探险家着迷。普尔热瓦尔斯基就是其中一位，从1870年开始，他先后四次走进这个不毛之地进行探险，在几次探险时他发现一个奇怪的现象，他亲身到达的罗布泊的位置比地图上标注的要靠南一些，他用测量工具一算，居然相差1个纬度。

会行走的湖泊

普尔热瓦尔斯基把他的发现写成论文发表，结果却遭到很多质疑，很多同行都认为普尔热瓦尔斯基一定是迷路了，或是被当地炎热的天气烤昏了脑子。但后来，陆续又有一些探险家证明了普尔热瓦尔斯基的观点是正确的。这些探险家一致认为，不是他们走错了方位，而是罗布泊确实是一个会行走的神秘湖泊。

瑞士人斯文·赫定指出，罗布泊的水是由塔里木河补充的，塔里木河将上游大量的泥沙卷了进来，导致罗泊湖底的含沙量越来越高，泥沙的流入使罗布泊的高度也增加了，我们知道水往低处流，罗布泊的湖底增高到一定程度，湖水就会自动向地势低的地方流动，长此以往，罗布泊的位置就发生了改变。

如果真如斯文·赫定所说的那样，那么就能解释得通为什么许多经验丰富的探险家在寻找罗布泊时会偏离方向了。

但中国的科学家们却有悖于斯文·赫定的理论，他们认为，在普尔热瓦尔斯基探险的时候，罗布泊真实的位置比地图上的位置稍稍靠南，这是塔里木河下游改道的结果。当河水的流向发生改变，

知识小链接

罗布泊人是新疆维吾尔族最古老的民族，他们生活在塔里木河畔的小海子边，"不种五谷，不牧牲畜，唯一小舟捕鱼为食"。其方言也是新疆三大方言之一，其民俗、民歌、故事都具有独特的艺术价值。这是一个单一食鱼的民族，喝罗布麻茶，穿罗布麻衣，丰富的营养便许多人都很长寿。八九十岁都还是好劳力，甚至还有一百岁的新郎。

❖ 塔里木河

水到之处又形成新的湖泊，而原有的旧湖因得不到充分的水源所以变得干涸。普尔热瓦斯基等人有可能是把其他的湖当作了罗布泊。同样道理，今天的罗布泊并不是发生了"移动"，而是因为得不到塔里木河的水源而枯竭了。他们更是指出，在罗布泊一带开挖的湖水沉积物并未发生间断，如果罗布泊真如斯文·赫定所说的那样会"行走"，那么这些沉积物就会发生断层。

罗布泊是不是真的是"会行走的湖泊"，目前科学家仍没有拿出确切的答案。

❖ 塔里木河

Part2 第二章

三霄洞悬案

峨眉山是我国著名的旅游景点，更是著名的佛教名山，这里有个三霄洞，供奉的是三霄娘娘，许多善男信女到这里请愿，却死于洞中，这是怎么回事呢？

❖ 三霄娘娘

三霄洞位于峨眉山九老洞附近，传说这里是金霄、银霄、碧霄即三霄娘娘的修炼之地。1925年一个法名演空的和尚云游到此，他被这里的景色所吸引，遂建起一座佛堂供人朝拜。

佛堂建好之后，它的名气渐渐大了起来，成为峨眉山一景，并吸引了无数善男信女前来烧香磕头。演空也在这里安顿下来，潜心研究佛法。后来，他隐约觉得佛堂内缺少点什么法器，常言道"晓击则破长夜警睡眠，暮击则觉昏衢疏冥昧"，一口大钟对佛家来说非常重要。于是，演空就筹得巨资打造了一口巨大的铜钟。

❖ 三霄娘娘

1927 年夏天，70 多个成年人轮流将这口铜钟抬上峨眉山。这些人都自以为自己为佛家贡献了力量，是一件功德无量的事。一路上，大家载歌载舞，欢喜雀跃，有的还敲锣打鼓，更有甚者还放起了鞭炮，一行人热热闹闹地来到了三霄洞。佛门圣地讲究清净，演空原本想让大家安静下来，免得破坏了佛门规矩，但兴致正浓的人群怎么能听得进去？他们兴致勃勃地来到佛堂内，没等演空动手，就把佛堂内的蜡烛全部点上了。

❖ 铜钟

佛堂顿时变得灯火通明，演空看到一切就绪，就准备举行献钟仪式。就在这时，突然一声巨响平地而起，跟着所有的蜡烛都被一阵怪风吹灭了。众人一时不知怎么回事，个个陷入惊恐之中。

就在人们交头接耳感到无助时，一股黄色的火焰从黑暗中扑了过来，如同一条愤怒的黄龙扫向在场的所有人。人们哀号着想要逃出三霄洞，但是这条黄龙的威力过于强大，片刻工夫，刚才还兴致勃勃的人们就已变成一具具烧焦的尸体了。

这次惨剧共造成 72 人丧生，一时间各种传言传遍了峨眉山。有人说，献钟活动的人太过喧嚣，惊扰了三霄娘娘，她们这才施法将众人除去。也有人说，三霄洞原本沉睡着一个可怕的魔王，人们太过吵闹，将魔王惊醒，所以魔王杀害了在场的所有人……

负责调查此次事件的官员肯定不相信这些神鬼传说，但是一时间又拿不出令大众信服的调查结论，更没有证据证明三霄洞的大火是人为纵火引起的。于是，这次三霄洞惨案就被当作悬案搁置了起来，当地政府还把三霄佛堂拆

峨眉山位于四川省峨眉山市境内，景区面积 154 平方千米，最高峰万佛顶海拔 3099 米。地势陡峭，风景秀丽，有"秀甲天下"之美誉。峨眉山气候多样，植被丰富，共有 3000 多种植物，其中包括世界上稀有的树种。山路沿途有较多猴群，常结队向游人讨食，成为峨眉一大特色。峨眉山是中国四大佛教名山之一，作为普贤菩萨的道场，主要崇奉普贤大士，有寺庙约 26 座，重要的有八大寺庙，佛事频繁。

除了，禁止游人前来参观。

许多年以后，科学水平得到了长足的进步，这时再翻开这个谜案，科学界有了新的解释。一些专家学者亲临三霄洞进行考察，试图破解这桩悬案。

有专家指出，造成三霄洞佛堂惨案的罪魁祸首是洞内弥漫的瘴气。建堂之初，佛堂内比较安静，所以瘴气并没有给人带来灾难。献钟那天，众人嘈杂的声音让三霄洞发生震动，潜藏在洞内的瘴气汹涌而出，酿成惨剧。有人对这一说法提出了质疑，说瘴气能致人中毒，却不会引起爆炸。

又有专家说，如果把瘴气换作可燃气体就能解释得通了，比如说瓦斯。献钟那天，人员众多，又点燃了许多蜡烛火把，将佛堂内的氧气耗尽，并引发了瓦斯爆炸，所以才酿成惨剧。但这一说法也存在疑点，佛堂终日点着蜡烛，都没有发生爆炸，为什么单单献钟当日却发生了爆炸？就算献钟当天人员众多，佛堂之内也不是密封的匣子，大门和窗户都会让空气流通，理论上是不应该发生爆炸的。巧合的事情太多，也难怪人们用迷信的角度去思考这个疑案，但其真实原因，还有待于进一步考证。

◆ 大殿

总是**失火**的院落

对于一个家庭来说，失火意味着天灾人祸，轻者会造成经济损失，重者会造成家破人亡，所以人们总是小心翼翼避免火灾。可有这么一个院子，火灾总是不期而遇，防不胜防，这是怎么回事呢？

这个听似"天方夜谭"的故事发生在河南省焦作市百间房乡桶张村的一个普通农户家。1997年2月至4月间，这个农户家遭遇了30多次火灾，让他们防不胜防、昼夜不宁。

从外观上，这座宅院与其他农户的住房并无差别，由两座砖混结构的平房及两道院墙和一个过道门楼组成，每座平房有5间，房门都呈南北对向而设，平房之间相距不足10米，北边住的是苗龙安一家，南边住的是苗全安一家，两人是同胞兄弟，这个院落是1982年建成的。

1997年2月4日上午，这时已经快到年关，家家户户都洋溢着节日的气氛。就在大家为春节做准备的时候，苗龙安家客厅的水泥地上的四床棉花突然着起火来，紧跟着两个卧室内的被褥也冒出了火苗，所幸家中有人，火很快就被扑灭了。这次大火发生得十分意外，突发的火灾让

◆ 火灾

"鬼火"就是"磷火"，通常会在农村，阴雨的天气里出现在坟墓间。不过偶尔也会在城市出现，原因仍然未知。因为人的骨头里含有磷，磷与水或者碱作用时会产生磷化氢，磷化氢是可以自燃的气体，重量轻，风一吹就会移动。人们走路的时候会带动它在后面移动，回头一看，很吓人的，这一现象所以被那些胆小或者迷信的人称作"鬼火"。不过这一说法并没有得到证实，"鬼火"仍然是一个未解之谜。

❖ 燃烧的被褥

苗家人备感蹊跷，一家人都忙着找起火原因，可是一无所获。2月7日，是大年初一，晚上一家人围在一起看电视，享受着团圆的幸福。就在这时，一件挂在卧室绳子上的衣服突然燃烧了起来。怪事接连发生，就在第二天，苗龙安夫妇住的房间又有一床被褥不点自燃。如果只有苗龙安家发生怪火还不足为奇，住在他家对面的苗全安家也是怪火频发。2月5日，苗全安家突发怪火，很多衣服和被褥被点燃，大家把火扑灭后，把剩下的衣服放在了客厅，没多久，衣服又一次自燃了起来。

据目睹过这些怪事的村民描述，苗全安把室内的可燃物搬到室外后，室内空空，人们以为这下怪火没什么东西可烧了。谁知他们的房间贴有壁纸，就见一道明火从墙的底部开始燃起，把壁纸全部烧掉。据苗全安介绍，两个月里，这股不明怪火把家里可燃烧的东西烧了个遍，不论衣服还是雨伞，只要能点燃的东西无一幸免。直烧得苗家人心惶惶。

为了防止突发的怪火，苗家人晚上睡觉衣服都不敢脱，即使这样也没有让他们幸免于难。一天夜里，苗龙安熟睡的女儿突然感到头皮发烫，她一摸，头发热得烫手，她赶紧走到院子里，再晚一点头发就会被点燃。眼看着这怪火就要对人下

❖ 火灾警示

手了，这房子是没法待了，于是一家人在村外找了一间破房子先安顿了下来。而苗全安一家没有搬，他们家的火灾仍在继续发生。最后苗全安干脆什么也不管了，"爱咋烧咋烧，反正家里值钱的都烧完了"。据统计，这怪火已经让两家蒙受了四万元的经济损失。

苗家大院的怪火引起了多方的关注，1998年2月中旬，焦作电视台到苗家采访，竟然拍到了下雨时伞自燃的画面。随后，焦作公安局、科委、消防等部门都派出人员到苗家勘察现场，结果都找不到着火的原因。是什么原因导致苗家的"怪火"呢？如果单纯从建筑上看，院内院外、屋内屋外都找不到明火源，而且紧临他们的邻居家都没有发生过类似的怪事。更为奇怪的是，在这几次火灾中，家里的电器和煤竟然能幸免于难，按说它们才是易燃物品。他们家的院落里种植的许多花草却躲过了火怪的肆虐，仍旧长得生机勃勃、鲜艳欲滴，可见，它们也不受怪火的青睐。

针对这两家的怪火，专家给出了两个推测：一是桶张村地下有煤矿，而且煤层距地面只有不足100米，煤窑的窑口距苗家只有5米，但这座煤窑早在半个世纪前就已经废弃填埋了。苗龙安家的水泥地板上有一条裂缝，裂缝一直延伸到后墙，不知怪火与这条裂缝有没有关系。二是风水先生迷信的说法，他认为苗家的正门对着一条村间道路，明显"犯冲"，苗家人信以为真，便在大门外5米处修建了一个影壁墙。但影壁墙依然没有挡住频发的怪火。

科学界就是有很多既让人着迷、又令人费解的难题，虽然那股怪火三个月后再没有出现，但人们却一直试图去破解这个谜团。

❖ 火灾

■ Part2 第二章

鄱阳湖住着魔鬼吗

鄱阳湖风景秀丽，像一颗璀璨的珍珠镶嵌在江西北部，这里渔业资源丰富，湖岸是著名的鱼米之乡，可是就是这么一个风景秀丽的地方，却频频出现怪事！

出现怪事的地方是鄱阳湖老爷庙附近的一片水域。老爷庙这一水域是鄱阳湖水域中最出色的一段，这里烟波浩渺、波光粼粼、风景怡人，然而熟悉这段水域的人会告诉我们，这里是一处"魔鬼水域"，曾经上演了一出出恐怖的灾难，与失事船只、财富、水怪、死亡紧密地联系在一起。

这片"魔鬼水域"像与地狱连接的通道，许多过往船只在这里无故失事，就连那些负责打捞沉船的许多工作人员也是有去无回，即使侥幸逃脱，捡回一条性命，回来也会变得神情恍惚，或者精神崩溃。所以人们也无法从这些人口中了解老爷庙水域下面究竟隐藏着什么可怕的力量。

◆ 老爷庙

1945 年 4 月 16 日，日本侵略者把在我国搜刮的大量财物装上了运输船"神户丸"号，这艘船行驶到老爷庙附近时，莫名其妙地沉没了。日本军方马上派出专业的打捞队前去搜救，结果在费了很大力气之后，只救出一名日本船员。当日本人想要从他口中了解事情的来龙去脉时，发现这名船员精神上仿佛受过极大刺激，变得疯疯癫癫，根本不能回答问题。所以日本人也无法得知"神户丸"号究竟发生了什么事情。

日本人事后虽然又组织了几次大规模的打捞工作，但是却一无所获，至今，"神户丸"号仍然沉睡在鄱阳湖底。

我国人民取得抗战胜利后，国民党政府也曾派出人力去打捞"神户丸"号。国民政府早就对日本人打捞沉船时发生的许多离奇事件有所耳闻，所以专程聘请了外国的打捞专家爱德华·波尔，并由波尔全权负责此次打捞任务。事情的结果并不像国民政府想象得那样顺利，打捞不仅一无所得，而且还丢掉了几个人的性命。

亲自沉入水下的波尔事后心有余悸地回忆说，他们一行人在水底看到一条狭长而耀眼的白光，这道白光并不是停在水底不动的，而是在水下快速地翻滚着，几个人就是被这道白光卷走的。这道白光到底是什么东西，波尔却说不上来。

鄱阳湖此后越发不太平，先后有多艘船只在这里遇险。1985 年 8 月 3 日一天，共有 15 艘大小船只在老爷庙附件消失。2005 年 5 月，安徽省一艘运沙船在进入老爷庙水域后，原本风平浪静的水面突然变得波涛汹涌无情地吞噬了运沙船……

❖ 潘阳湖

一时间，老爷庙水域的恐怖事件传遍了大江南北，成为人们茶余饭后的谈资。究竟是什么力量在兴风作浪，人们展开了无尽的遐想。

一些上了年纪的人认为，老爷庙水域内潜藏着一只怪兽，这只怪兽能兴风作浪，之前出事的船只就是由它一手造成的。怪兽的模样人们也描绘得有鼻子有眼：说这只怪兽像条白龙，但浑身上下又长满了眼睛，每当它出现的时候，总是伴有闪电雷鸣、乌云密布，十分骇人。

科学家们站在科学的高度解释了这些事故。他们认为这里的水文条件要比人们想象的复杂，水下面经常出现巨大的旋涡，那些失事的船只和水手就是被旋涡卷到了水底。不仅如此，在老爷庙水底，还遍布着丰富的石灰岩，这种特殊的地质构造形成了一个巨大的电磁场，如果遇到雷雨天气，地下电磁场就能诱发雷电击沉船只。

另外，老爷庙水域的风力非常强，最大时能达到每小时 200 千米，这么大的风速很容易把过往的船只打翻。

虽然人们对鄱阳湖"魔鬼水域"做出了很多解释，但是哪一种解释能充分说明这片水域的恐怖力量？又或者这里还存在另外一些不为人知的秘密，等待人们去探索、去发现……

❖ 老爷庙

黑竹沟的神秘事件

四川省西南边上的一个小山区里有 180 千米的林海，我们现在要讲的黑竹沟就隐藏在这片林海里。

❖ 黑竹沟

这片林区属于小凉山，而黑竹沟就在小凉山中段的密林深处。当地人称之为斯豁，意思是死亡之谷，汉族人给它取名"黑竹沟"。像其他神秘的地方一样，"黑竹沟"里也暗藏着许多未解的谜团。当地人形象地把它比作南林区的"魔鬼三角洲"。

当地人或多或少都知道一些有关黑竹沟的恐怖事件，其中最有名的就数解放初期一支部队的神秘消失事件了。

刚刚解放后的四川，许多国民党残部退守到了山中，其中有个 30 余人的残部在这里神秘消失；有三个解放军侦察兵到这里，只有

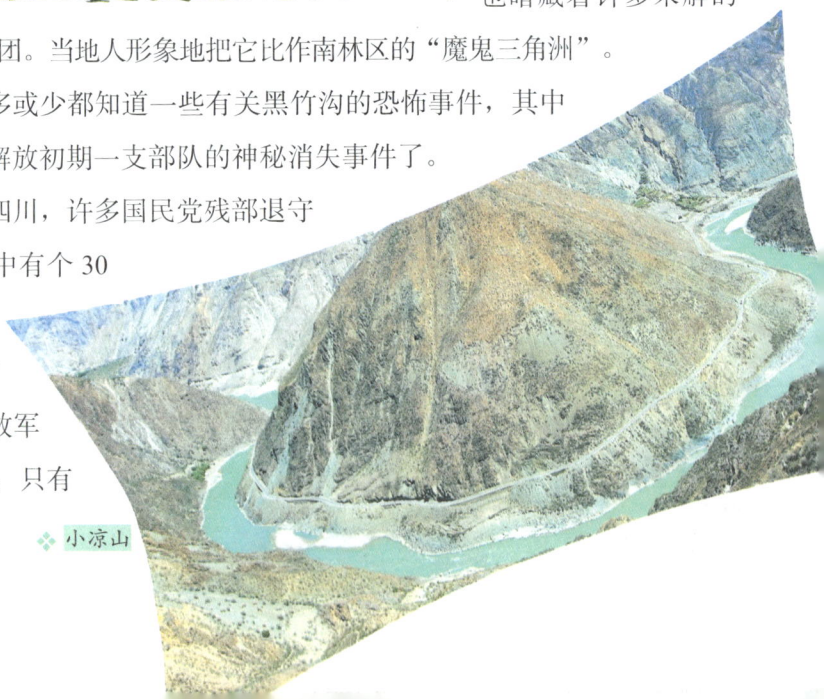

❖ 小凉山

❖ 黑竹沟

一人生还；1976 年，有三名勘探人员进入黑竹沟后神秘失踪，几个月后，人们发现三具骨架；1995 年，解放军的测绘队在黑竹沟进行测绘工作，有两名战士下山购粮，后神秘消失，后来搜寻时只找到了他们的武器。

黑竹沟本是一个不起眼的小山沟，就是因为这么多离奇的事件让它出了名。传说在这里人和牲畜经常神秘失踪或死亡，这些事件在各大媒体上也曾经报道过，但是这些人到底是怎么消失的，至今也没有答案。因此，人们把黑竹沟看作是陆地上的百慕大。

虽然这里经常发生人员失踪的情况，但由于媒体的报道，它吸引了许多慕名而来的探险者，

❖ 黑竹沟

知识小链接

在美国的弗吉尼亚海岸，百慕大群岛和佛罗里达群岛之间有一片总面积30多万平方千米的广阔海域，这就是闻名于世的"百慕大三角"。16世纪以来，在这片海域神秘失踪了数以百计的飞机与船只，人们都称它为"魔鬼三角"或"死亡三角"。

一些摄影爱好者、科学家、考察队也都参与其中，希望能发现其中的奥秘。

有关它的离奇故事可以与其他地方的"魔鬼之地"相媲美，所以说它是中国的"百慕大"也不为过。但也有人说它不过是一条普通的小山沟，并没有什么奇怪之处，只是有些巧合而已。

我们回过头来，再仔细看一下黑竹沟的位置。黑竹沟在峨眉山西南约100多千米处的峨边彝族自治县，覆盖斯合镇、勒乌乡和金岩乡，面积约180平方千米，是四川盆地与川西高原的过渡地段，境内山峦起伏、溪流密布，迷雾缭绕，给人以阴沉的感觉。这里地理位置特殊，自然条件复杂，遍布原始山林，彝族人本身对这块地方就十分敬畏，在出现几次人畜死亡的情况后，这里就更加显得扑朔迷离了。

❖ 黑竹沟

第三章
令人费解的地理奇观

　　本章将带领读者朋友们去领略我国的那些不可思议的建筑和地理奇观，相信通过本章的介绍，你会被我们祖先的聪明才智和大自然的鬼斧神工所折服。

Part3 第三章

奇特的建筑——悬空寺

我国古代信仰的佛教，历史上留下许多精美的寺庙建筑，而悬空寺无疑是其中一朵奇葩，它的魅力何在呢？

建筑奇迹悬空寺

悬空寺坐落在山西恒山，它是金龙峡风景区一处重要的人文景观。与其他寺庙相比，它没有恢宏的建筑群，建筑面积也非常小，但是它的特别之处在于其建在悬崖峭壁之上，历经大风大雨、地震山崩，可它像牢牢粘在山上似的，屹立不动。它有什么神奇的力量？人们对这个问题十分好奇，并不断在探寻其中的奥秘。

悬空寺的传说

相传很久以前，悬空寺也是建在平地上的，因为庙小，所以寺庙里只有一老一小两个和尚，老和尚每日诵经修禅，小和尚负责打扫卫生和做饭。忽然有一段时间，老和尚发现小和尚回来得迟了，每天早上出去，天黑才回来，一问才知，小和尚每

❖ 悬空寺

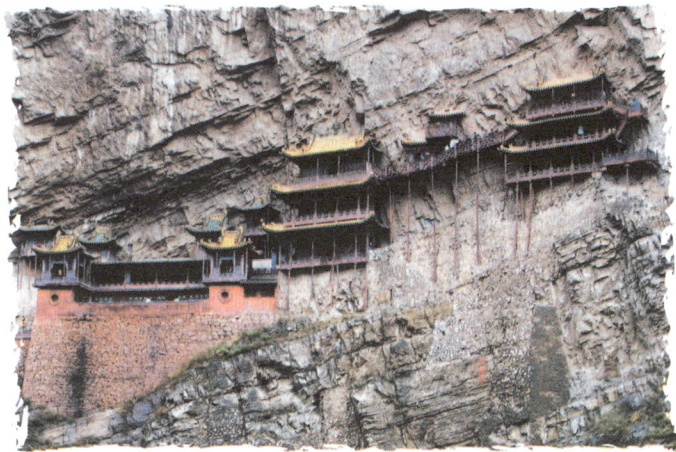
❀ 悬空寺

天出去都会和一个白白胖胖的小男孩玩耍，这一玩就忘了时辰。

老和尚闻言，心中立马产生了疑惑，这荒山野岭的，前不着村、后不着店，除了这座小庙哪儿有什么人家！那这个小孩儿又是从哪儿来的呢？老和尚想着想着，突然想到了千年人参，他听说千年人参精会变化成白白胖胖的小男孩，然后跟小孩子玩耍，这千年人参可是好东西，人只要吃了就能成仙。老和尚为了得到这棵千年人参，便给了小和尚一根针和一团红线，哄骗小和尚在和小胖孩玩时把针别在他的衣服上。小和尚不明就里，于是就照做了。老和尚一路跟着红线真的找到了一棵千年人参，他大喜过望，把人参刨出来带回了寺院，并点上火开始蒸起人参来。他怕小和尚知道内情，并叮嘱小和尚不能掀开蒸笼。小孩子好奇心都大，他越这么说，小和尚越想知道里面蒸的是什么。于是，小和尚趁老和尚不在时偷偷掀开了蒸笼。他赫然发现里面躺着的不正是跟自己玩耍的小胖孩嘛，他知道受骗了，于是拿筷子想要把小胖孩夹出来，但一夹小胖孩就断成两截，并变作了人参。小和尚夹起一块尝了尝，真的美味无比，就把人参吃了个精光。

等老和尚返回厨房想取人参时，发现人参早已经被

❀ 悬空寺内佛像

小和尚吃光了，他大怒，操起面杖就要打小和尚，小和尚撒腿就跑，跑着跑着忽然腾空而起，竟然飞了起来。不仅如此，整座寺庙也跟着向天上飞去，很快，脚下的山川变成万丈深渊，老和尚一不留神就跌进了深渊中，随后寺庙停在了半山腰，这就是后来的悬空寺。

知识小链接

悬空寺又名玄空寺，是国内仅存的佛、道、儒三教合一的独特寺庙。恒山悬空寺始建于1500多年前的北魏王朝后期，历代都对悬空寺做过修缮，古代工匠根据道家"不闻鸡鸣犬吠之声"的要求建设了悬空寺，是中国古代建筑精华的体现。寺内有铜、铁、石、泥佛像80多尊，寺下岩石上"壮观"二字，是唐代诗仙李白的墨宝。

悬空寺揭秘

当然，这只是神话传说，不过恒山地区却流传着一段有关悬空寺的民谣：悬空寺，半天高，三根马尾空中吊。"马尾"指的是连接阁楼栈道和岩石的三组红木，每组有10根，三组共30根，每根红木长约十几米。从外表上看，悬空寺就建在这些红木上，可能会有人认为是红木支撑着整个建筑。但实际上这些红木是可以晃动的，而且这些红木直径都很纤细，不足以支撑整个建筑。

❖悬空寺佛像

❖ 錾

如果不是这些红木，那又是什么支撑了这座寺庙呢？科学家们经过分析，找到了令人信服的答案。

考古学家研究后发现，悬空寺所有楼阁和栈道下都有直径50厘米的横梁，整个悬空寺共用了27根横梁。这些横梁有两米深入岩山之中，留有一米在外，专家认为就是这些横梁支撑了悬空寺。古代工匠善用于一种叫"錾"的铁质工具，用它在岩石上打孔，然后把横梁插入其中，就起到了关键的承重作用。不过，这一说法也遭到了质疑，因为质疑者不相信仅凭27根横梁就能承受几十吨重的建筑，况且悬空寺每天接待游客数以万计，怎么能承受得了呢？专家给出的解释是，在悬空寺楼阁下还有立木，它们在横梁下面提供了支撑，在整个悬空寺下面共有22根这样的立柱。

如果真是这样，这些木头经过了怎样的处理，能经受得住一千多年风吹日晒、虫蛀雨蚀而不坏？专家们认为，这些木头都是当地盛产的铁杉木，这种木材最适合用于建筑和造船，而且在使用前都会用专门的桐油浸泡，这样的木头可以不受虫蛀雨蚀，用这样的木料就能支撑悬空寺千年屹立山崖而不倒。

❖ 悬空寺内佛像

Part3 第三章

沙漠中的一泓弯泉

在我国西北的荒漠里，坐落着著名的景点——敦煌石窟，和它一样有名的，就是离它不远的月牙泉。

在绵延的沙漠里，月牙泉实在太珍贵了，如果玉门关是西北的一世英雄，那月牙泉就像一个温婉的少女静静地守护在它的身旁。美丽的月牙泉自然少不了动人的传说。相传月牙泉是一位美丽的南国少女变成的，因为她的情郎来到边漠守城，她就不远万里来到这里寻觅自己的爱人，可是一路走来她实在太累了，所以没等见到心上人就栽倒在一望无际的荒漠里。她倒下的瞬间，沙漠里就多了一湾月牙泉。

月牙泉有很多传奇之处历来被人们津津乐道，比如《敦煌遗书》中就记有："鸣沙山中有井泉，沙至不掩……绵历古今，沙填不满。"古诗中也有对它的描写，比

✤ 月牙湾

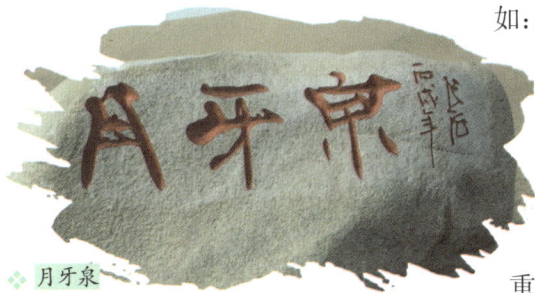
◆ 月牙泉

如："银沙四面山环抱，一池清水绿漪涟""四面风沙飞野马，一潭云影幻游龙"。千百年过后，西北最重要的边陲关口已经不再是军事重地，许多名城重镇、关隘哨卡被黄沙无情地掩埋，这里也不再有往日的繁华与喧嚣。尽管这里的风沙很大，任何东西都抵御不了黄沙的侵蚀，但月牙泉却能始终如一地保持原来的面貌，就像有一双神奇的手把黄沙挡在几米之外。月牙泉另一个神奇之处就在于它千百年来始终没有枯竭，这里天气炎热、干燥，水分蒸发量很大，月牙泉却能不惧怕干旱的气候，不能不让人对大自然叹服。

月牙泉处于鸣沙山脚下的小盆地中，四周被沙丘环绕，泉水形成的水面南北宽54米，东西长300米，泉沿朝南凹，向北凸，东西两端则逐渐变窄至尖状，从空中俯瞰，整个水面像是一轮弯月，故名月牙泉。泉水弓背对应的是高约200米的沙山主峰，南面是一片开阔的沙土台地，这片台地上修建有庙宇、道观等建筑。泉的两边有沙枣树、榆树等植物，它们蔚然成林，是沙漠中难得的绿洲。

敦煌地处西北的大风口，这里经常刮很大的西南风，由于月牙泉附近非常潮湿且周围有植被，近处有起伏的沙丘，远处又有更高的沙山，所以远处的沙子刮不到泉边，近处有高大的植被和建筑阻挡，沙子更近不了月牙泉。北面山脚下的泻流沙被卷到鸣沙山上，所以北面的沙子也是无可乘之机。

月牙泉是怎么形成的呢？人们对月牙泉起源的解释有四种：

一是古河道残留湖。认为月牙泉是附近党河的一段古河道，很久以前，党河改

❖ 月牙泉

道，大部分古河道被流沙湮没，仅月牙泉一段地势较低，由于地下潜流出露，汇集成湖。湖水不断得到地下潜流的补给，因而不会枯竭。20 世纪 50 年代测量，月牙泉水面东西长 218 米，南北最宽处 54 米，平均水深 5 米，最深处 7 米有余。

二是断层渗泉。认为月牙泉南侧有一东西向的断层，断层上盘抬高了地下含水层，下盘降到附近潜水面时，潜流通出成泉。

三是风蚀湖。即原始风蚀洼地随风蚀作用的加剧，当达到潜水面深度时，在新月形沙丘内湾形成泉湖。由于环绕月牙泉的沙山南北高，中间低，自东吹进环山洼地风会向上方走，风力作用下的沙子总是沿山梁和沙面向上卷，因而沙子不会刮到泉里，沙山也总保持似脊似刃的形状，这才形成沙泉共存的奇景。

四是人工挖掘。认为月牙泉形状与半轮新月惟妙惟肖，好似人工刻意修饰的结果，加之古籍中有"沙井"的记载，既然称井，必然是人力劳作的结果。

Part3 第三章

神秘的武当山金殿

在湖北武当山上有一处著名的景观——金殿，名称虽是金殿，但它并不是用黄金打造，而是整体用铜铸成的。

金殿坐落在武当山巅天柱峰的最顶上，采用全铜结构，始建于明朝永乐十四年（1416年），正殿的面积有13.7平方米，高5.54米，整个大殿重约数百吨，是中国迄今保存最完整、规模最大的铜铸鎏金大殿，鉴于其重要意义，它被列为我国一级重点保护文物。

在几百年前，没有发达的机械工具，人们是如何将这座重达数百吨的整体建筑置于海拔1612米高的山顶之上的呢？这个问题至今困扰着人们。

有人认为金殿并不是在山下整体建好运到山上的，而是和木质建筑一样，先做好一些零散的零件，然后运到山上焊接起来。因为在金殿的周围发现了一些铜渣，有可能是当时工匠们在焊接金殿时掉落下来的。

在明朝嘉靖年间曾

知识小链接

金殿和太和殿都采用最高规格的重檐庑殿顶。朱棣将"太和"二字用于武当山，名为"大岳太和山"，山顶金殿命名为"大岳太和宫"，为天下太平之意。北京故宫太和殿原名"奉天殿"，即奉上天之意，北京奉天殿与武当山大岳太和宫同为一体，意味着朱棣坐镇的江山稳固。这些建筑的修建不仅达到了宣扬"君权神授"的政治目的，而且也符合道教追求的"天人合一"的思想。

武当山匾额

有过一本《武当山志》，上面记载了金殿构建的经过：在永乐十四年（1416年）九月初九，北京铸造好了金殿的部件，朱棣下令船工沿京杭大运河把这些部件运往武当山。部件用人工抬到山上之后，工匠们用一种金泥涂在焊接的接口处。这种金泥是一种金子和水银的熔合物，把它涂在接口上之后用炭火烘烤，水银遇热挥发后，就只留下金子牢牢焊接住了接口，这也是金殿没有焊接痕迹的原因。

金殿神灯永不灭

如果你去过武当山，参观过金殿，你就会发现一个奇异的现象，那就是金殿内的神灯是一直亮着的，我们知道山顶的风一般都很大，可是即便是殿外刮起狂风，殿内神灯的火苗也是纹丝不动的。大殿自建成到现在也快600年了，神灯自亮起的那一刻从未熄灭过，这是怎么回事呢？

这个现象引起了科考人员的注意，研究人员发现，整个大殿设计得极为巧妙，找不到任何一丝缝隙，所以任何气流休想进入内室。更为奇特的是，神灯的灯油是暗藏在大殿的夹墙内的，夹墙的空间可以容纳千八百斤灯油，在源源不断的供给下，神灯可以保持长明状态。

❖ 金殿

海马吐雾之谜

除了神灯之外，金殿里还有一处令人叹为观止的奇观，就是"海马吐雾"。原来在金殿的屋脊之上铸有一匹金马，金马现在已经全身发黑，到了夏季，它的口中能不断地吐出白雾，还能发出真马一样的嘶叫声，十分有趣。传说这是它在给雷公电母发信号，

海马吐雾

雷公电母听到它的嘶鸣就会赶来，随后就会上演"雷火炼殿"的奇观。

这是怎么回事呢？科学家发现，金马是空心的，里面凝聚了大量高温气体。雷雨天时，山上气候闷热，金马体内的空气也会随之膨胀，雾气就会从口中逼出来。至于马的嘶叫声，那是因为冷热空气交替时产生的摩擦声。

"雷火炼殿"的奇观就更好解释了，这不过是普通的自然现象。武当山势险峻，海拔较高，金殿又建在山顶上，成了一个天然的避雷针，每当电闪雷鸣时，它就能吸引雷电过来。

但是关于金殿的另一个现象却难住了科学家们，那就是金殿上所有生锈的铜构件和铁栏杆每到发生"雷火炼殿"时就会变得光亮如新，像是被重新打磨了一遍。科学家推测这可能和雷电有关，但具体是什么道理却难以解释。

武当山

■ Part3 第二章

莫高窟里的**万道金光**

前面我们讲述了敦煌的一处美景——月牙泉，下面我们再来认识一下敦煌另一个标志性景观——莫高窟。

莫高窟是我国宝贵的文化遗产，它是我国内容最丰富、保存最完好的石窟艺术宝库。莫高窟集建筑、雕塑和绘画为一体，是充满浓郁中国特色的艺术珍品。联合国教科文组织于 1987 年 12 月 11 日将莫高窟列入世界文化遗产名录。莫高窟远离中原，有许多奥秘令人不解，这其中尤以万道金光最引人注目。

你可以选择一个雨过天晴的日子，在空气清新的早晨或黄昏，驾车从敦煌城出发，沿安敦公路向东南方向行驶，你会发现几十千米外莫高窟的位置出

❖ 莫高窟

❖ 莫高窟

现了一道迷人的自然景观。只见远处的三危山在太阳的照耀下，放射出万道金光。

这一奇特景象历来被人们津津乐道，许多人都慕名前来观赏。在我国历史典籍里也有相关描述。像唐朝圣历元年李怀让所写的《重修莫高窟佛龛碑》，就记有："莫高窟者，厥初秦建元二年，有沙门乐僧，戒行清虚，执心恬静，尝杖锡林野，行至此山，忽见金光，状有千佛，遂架空凿岩，造窟一龛……"文中提到的山即是三危山，所造的龛像，应该是千佛洞中开凿最早的一批洞窟。

我国历史上还有一本以记载山川地形为主的著作《尚书·禹贡》，其中有"窜三苗于三危"的记载，可见在新石器晚期三危山就有人类活动了。在《都司志》一书中专门对"三危"做了解释：此山之"三峰耸峙如危欲坠，故云三危"。这就是三危山名称的由来。登上三危山山顶，东面能看到安西城，西面敦煌一屋一树尽收眼底，所以它在古时又有"望山"之称。

对于莫高窟出现的佛光，科学界给出了两种不同的解释。第一种解释是三危山质地是沙浆岩层，属玉门系老年期山，海拔约 1846 米，山上岩石多呈赭黑相间的颜色，岩石中富含丰富的石英矿，由于山岩特殊的结构，加上山上草木不生，所以在大雨洗涮后，经

莫高窟佛像

知识小链接

莫高窟俗称千佛洞，被誉为 20 世纪最有价值的文化发现，坐落在河西走廊西端的敦煌，以精美的壁画和塑像闻名于世。它始建于十六国的前秦时期，历经十六国、北朝、隋、唐、五代、西夏、元等历代的兴建，形成巨大的规模，现有洞窟 735 个、壁画 4.5 万平方米、泥质彩塑 2415 尊，是世界上现存规模最大、内容最丰富的佛教艺术圣地。

太阳余晖的照射，山上就能映出一道道五彩缤纷的颜色。

第二种解释是莫高窟修造在鸣沙山东麓的断崖上，崖前有条溪流，叫大泉河，河东侧的三危山和西侧的鸣沙山隔空相对，形成夹角。在天气晴好的早晨或傍晚，落日的余晖穿透空气，投射在鸣沙山上，鸣沙山的一侧又把余晖反射回去，形成万道金色的光芒，这就是人们形容的"夕阳西下彩霞飞"的壮丽景象。

两个答案都有一定的科学道理，它们都是在特殊条件下形成的自然现象，究竟两者哪个更客观，又或者是两者共同的结果，还需要科学工作者进一步研究。

莫高窟内部景观

Part3 第三章

泰山佛光**时隐时现**的奥秘

被尊为"五岳之首"的泰山以巍峨险峻闻名于世，它每天都会接待数以万计的游客前来观光旅游。如果你足够幸运的话，可以观看到东岳佛光的奇景。

泰山脚下的老人乐于讲述佛光的故事，说那是佛祖显灵，要接纳那些有缘分的人到极乐世界，所以谁要是能看到了佛光是一件非常幸运的事。

❖ 泰山石碑

我们可以通过目击者的描述来还原佛光的样子：那是一个非常巨大的光环，光环四周五彩缤纷，和彩虹的颜色非常相似。最外层的红光圈如斑斓的日珥，光彩夺目。更为奇特的是在光环中居然能看到人的影子，那可不是佛祖显灵，而是围观者的影像，人要手舞足蹈，光环中的影像也会随之跳动。这一景象倒是让人有"目睹佛光惊神魂，飘飘欲飞似仙人"的错觉。周围白云飘荡、雾气蒙蒙，佛光也时浓时淡。过了好一会儿，佛光又出现在鼻峰前白云洞，这时山上的人们早已忘了旅途的疲惫，如潮水般涌向了佛光的跟前。

等到云消雾散时，佛光也不见了踪影，只剩下天上的彩霞和闪亮的天街。佛光一般在早晨7点出现到8点结束，可持续近一个小时。

泰山是中国五岳之首，古名岱山，又称岱宗，位于山东省中部，济南、长清、肥城、泰安之间。泰山主峰玉皇顶，海拔 1524 米，泰山约形成于 3000 万年前新生代中期。泰山区域地层古老，主要由混合岩、混合花岗岩及各种片麻岩等几种古老岩石构成，泰山上有"五岳之长""五岳独尊"的称誉。

看到佛光的人留恋于这壮观的景色，而没能一睹佛光的游客则失望地望向天空，期盼着佛光能再显现。

泰山佛光一般出现在瞻鲁台、碧霞宫至南天门这一狭长地带。我们通过物理知识可以解释这一现象，因为云和雾都是由水蒸气凝结而成，构成蒸汽的都是非常微小的水珠，当太阳照射在水汽上时就会发生折射现象，小水珠如三棱镜一样将阳光分解成红、橙、黄、绿、青、蓝、紫七种颜色，它的原理和我们看到的彩虹大致相同。佛光的大小和位移与云雾的浓度有关。当有了适宜的云雾做"屏幕"，阳光照射在特定环境中，就会呈现出美丽的佛光。

❖ 泰山

Part3 第三章

大雁塔为什么是倾斜的

大雁塔是古都西安的象征，平日里，大雁塔显得端庄宁静，但1996年全国媒体争相报道的一则新闻打破了这里的宁静。

这则新闻报道的正是大雁塔，声称目前塔身倾斜幅度已经达到1010毫米，并且塔身也在持续下沉。这座已经屹立了上千年的古建筑难道就要寿终正寝了吗？那么又是什么原因导致了大雁塔的倾斜？这精确到毫米的倾斜数据又是怎么计算出来的呢？

大雁塔是我国著名的塔楼式建筑，也是中国仅存的一座仿木结构楼阁式砖塔。它原名慈恩寺塔，位于古都西安慈恩寺内。慈恩寺始建于隋朝年间，公元648年唐太子李治为追念其母后文德皇后将该寺扩建，建好后，唐玄奘也从弘福寺迁往慈恩寺，并在这里用19年的时间翻译了74部印度佛经，并创建了佛教慈恩宗。慈恩寺从此声名大噪，香火不断。

慈恩寺塔修建之时只有5层，高不足60米，是以西域佛塔为原形修建的。最初的慈恩寺塔并没有持续多长时间就倒塌了，现存的大雁塔是于武则天长安年间（701~704年）重建的，这次共建了七层，高64.517米。

❖ 稍微倾斜的大雁塔

2008 年 5 月，陕西省社会科学院宗教研究所所长王亚荣表示，和陕西法门寺宝塔下有地宫一样，西安大雁塔下可能也藏有千年地宫。由此推测玄奘自印度取经归来后，所带回的珍宝有可能藏于大雁塔下的地宫内。

大雁塔这个名字是从《慈恩寺三藏法师传》中得来的。相传在古印度揭陀国有一座寺庙，有一天，一群大雁飞过寺院，其中一只大雁离开雁群并掉了下来摔死在寺院内。庙里的僧众认为这只大雁是佛祖的化身，于是就为其修建了一座塔，称之为雁塔。对于西安大雁塔，民间也有很多传说，有的说是受仙人点化修建的；也有说唐玄奘在西天取经途中路过沙漠，口渴难耐却找不到一滴水，眼看就要渴死，忽然一只大雁落了下来，并带领唐玄奘找到水源。回到东土之后，唐玄奘为了报答大雁的救命之恩，才上报朝廷修建了大雁塔。还有一种说法是唐玄奘在一处戈壁滩迷了路，眼看带来的水和食物就要用尽，恰得一大一小两只鸿雁降落，玄奘忙施礼表明身份，并和大雁说如果能带自己走出困境，回到中原后一定为其修塔感谢。鸿雁答应了玄奘的请求，为了兑现诺言，玄奘回到长安没多久就主持修建了大小雁塔。

大雁塔倾斜不是现在才发生的，历史资料显示，在康熙年间，当地的史料中就有大雁塔向西北方向倾斜 198 毫米的记录。1941 年，国民政府又对大雁塔进行了测量，发现它的倾斜度有扩大的趋势，已经由原来的 198 毫米增加到 413 毫米。这个倾斜度也还能被人接受，因为工匠们都知道，古塔十有九斜，因为它比一般建筑都高，又要经历大风，所以塔身倾斜

❖ **大雁塔与玄奘法师**

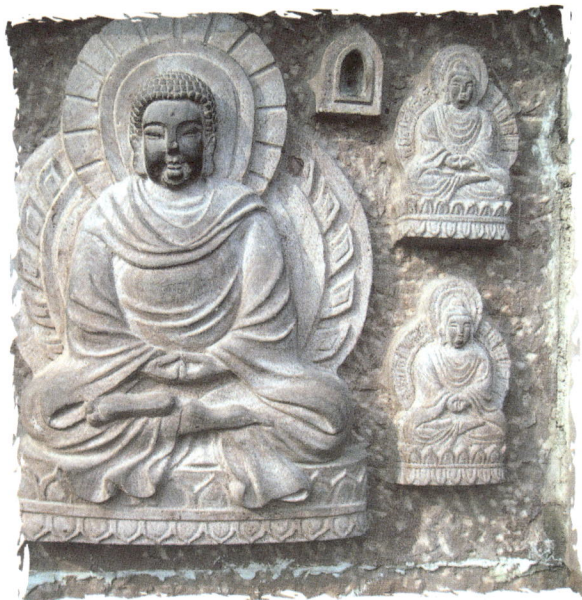
❖ 大雁塔佛像

在所难免。可是到如今倾斜度已经达到 1010 毫米，这就让人难以接受了，照此速度下去用不了多长时间它就会倒塌的。这让人联想到当年的法门寺，当年法门寺的舍利宝塔就是因为倾斜而坍塌的。

专家们也在思考一个问题，为何短短 100 年间大雁塔的倾斜幅度会变化得这么快？

专家们认为大雁塔倾斜是由两个原因造成的：（1）大雁塔本身设计结构的原因。首先，塔基不均衡，结构缺乏整体性，水流的排放性能也不尽如人意；其次，大雁塔已经是有着千年高龄的"危楼"了，内部很多材料都已经老化，所以倾斜加快。（2）大雁塔周围的环境被破坏造成。在西安城的地质结构里，有四个像漏斗状的下沉结构，像这样的地质结构是不适合修建高大建筑的。但在古代人们缺乏相应的科学技术，所以将大雁塔正好建在一个下沉带的边缘。外加西安城市建设需要挖土、采水，致使地表下陷，所以大雁塔倾斜得也越来越快了。

这个问题现在已经引起有关部门的高度重视，为了更好地保护这座有着千年历史的文物，西安市政府已经开始着手治理景区周围的环境，弥补由于地下水开采造成的地表下陷问题。可喜的是，从 2006 年起，大雁塔倾斜问题已经得到有效控制，专家认为，如果不出现大的意外，经过处理后的大雁塔可以延长千年的寿命。

小雁塔不倒有何奥秘

前面讲过了大雁塔，下面我们再来讲讲发生在它的"小兄弟"小雁塔身上的故事。

小雁塔始建于唐朝景龙年间，原名荐福寺塔，具有浓郁的唐代建筑风格。整座塔给人一种古朴、挺拔、庄严之感，在同类建筑中也是出类拔萃的。它不仅具有漂亮的观赏价值，它在历史上上演的"四裂三合"的传奇故事更是被人们津津乐道。古时候，科学欠发达，人们无法理解其中的物理知识，所以想当然地把它想成是神力的作用，更把它的分分合合看成是昭示世运盛衰、预兆吉凶的预言。所以在西安流传过"动乱之年塔缝开，大治之年塔缝合"的谚语。这给小雁塔披上了一层传奇的色彩。

❖ 小雁塔内部景观

小雁塔经历多次大地震而不倒，历史上记载过的著名大地震有明嘉靖三十四年（1556 年）的华县大地震，据推测，当时的震级达 8 级。史料中对这次地震的惨状有详细的描写，而西安处于重灾区，地震摧毁了城里所有的房屋，夺去城中很多人的性命。地震过后，放眼望去一片残垣断壁，西安仿佛成了空城，但是小雁塔却依然屹立在原地，在四周空旷的环境下，显得更加突出。这次强地震虽然没有摧毁小雁塔，却也让它受了点"小伤"，塔身遭到了一定的损坏。

❖ 小雁塔内的铜钟

20 世纪 90 年代，科学家们对小雁塔展开了科学考察，专家们经过仔细观察发现，小雁塔的塔基另有乾坤，塔基的土层不仅很深，而且向四周扩散，以塔基为中心四周 60 米都是这种厚实的土层。塔基的正中央则由坚硬的青条石堆砌而成，在青条石之上又加盖了三米高的台基，在这之上构筑小雁塔塔身。有了如此扎实的地基，小雁塔在遇到地震时就不会下陷，向四周扩散的地基也会吸收一部分冲击波，有效地保护了地震对小雁塔的冲击。可见我国古代建筑技术是多么精湛。

除了地震不倒之外，小雁塔如果墙体受损还有自动弥合功能，这就更让人匪夷所思了。小雁塔北门有一处石刻，上面有这样一条记载：明成化二十三年（1487 年）这里曾发生过一次大地震。"塔自顶至

知识小链接

小雁塔在唐宋时期一直叫"荐福寺塔"，至于"小雁塔"之名，则和"大雁塔"的名称有关。公元 652 年，朝廷资助在长安大慈恩寺内西院建造用于安置玄奘由印度带回的经籍的佛塔，此塔名雁塔。公元 707 年，朝廷资助在荐福寺内修建了一座较小的荐福寺塔。后来，因塔形似雁塔并且小于大雁塔，故荐福寺塔又叫作小雁塔，而大慈恩寺塔又叫作大雁塔，一直流传至今。

足中裂尺许，明澈如窗户，行人往往见之。"这说明小雁塔塔身被震开一条一尺宽的裂缝，可以想象这条裂缝已经把小雁塔一分为二。神奇的事情发生了，34 年后，也就是正德十六年（1521 年）这里又发生一次地震，小雁塔竟又合拢了，连裂缝的痕迹都不明显。

在以后的历史中，这神奇的一幕又频频上演，最近的一次是在民国时期，小雁塔已经第四次开裂，但这次开裂时间较长，一直到 1965 年才被人为加固成原来的样子。开开合合总有一天会让小雁塔倒塌，基于这个原因，政府为它量身定做了一个钢箍，钢箍牢牢把小雁塔塔身束缚住了，从那以后，小雁塔再没开裂过。

有学者认为，西安城的地面在历史上就出现过开开合合的现象，小雁塔开合也许就跟这有关系。地壳在运动中会对地面产生一种力，然后就会出现地裂塔裂、地合塔合的现象，这些力因为作用在不同的物质上会产生不同的现象。地震发生时，作用力很强，所以瞬间能让塔身产生裂缝。但合拢过程就慢得多了，它的幅度小、持续时间长，所以人们不易察觉，说它突然合拢其实是不科学的。

然后又有人提出了疑问，为什么同样在西安城，同样的地震，只有小雁塔塔身会出现开合现象，而其他建筑或塔就没有类似现象呢？

后来人们在研究过历史资料后发现，小雁塔总是在大震时裂开，而在强度小的时候复合。这个现象是不是跟小雁塔的自身构造有关呢？人们把焦点对准了小雁塔门窗洞口的设计上。唐代修建的塔都有一个显著的特点，那就是门窗洞口都设计在上下垂直线上，南北两边各有一条垂直线，这样正好把小雁塔一分为二。从科学角度讲，这种设计方式很不合理，因为遇到地震时，这里就成了最薄弱的地方，它之所以没有完全裂开完全是受了地基的影响。结果真的如此吗？相信科学会给我们一个满意的答案。

小雁塔

Part3 第三章

大明湖神奇的镜子

去济南要看三大名胜，其中尤以千佛山和大明湖最为有名。

千佛山与大明湖相距不足八千米，可是两者却能上演一出精彩的"佛山倒影"，也就是说千佛山的影子能清楚地倒映在几千米远的大明湖中。

几百年前，晚清著名学者刘鹗来到济南观光，他发现这一奇观后赞叹不已，于是就把他看到的一切写进了《老残游记》里：到了铁公祠前，朝南一望，只见对面千佛山上，梵宇僧楼，与那苍松翠柏，高下相间，红的火红，白的雪白，青的靛青，绿的碧绿……正在叹赏不绝，忽听一声渔唱。低头看去，谁知那大明湖业已澄净得同镜子一般。那千佛山的倒影映在湖里，显得明明白白。那楼台树木格外光彩，觉得比上头的一个千佛山还要好看，还要清楚……

刘鹗的描述可谓生动传神，真实地还原了大明湖的景致。每年大明湖都会吸引数以万计的游人前来欣赏这一胜景，可惜的是"佛山倒影"如同海市蜃楼，不是谁都能有幸目睹的。这一奇景对自然条件要求很

❖ 千佛山佛像

中国地理未解之谜

知识小链接

大明湖是济南三大名胜之一，是繁华都市中一处难得的天然湖泊，也是泉城的重要风景名胜和开放窗口，闻名中外的旅游胜地，素有"泉城明珠"的美誉。它位于济南市中心偏东北处、旧城区北部。大明湖是一个由城内众泉汇流而成的天然湖泊，面积甚大，几乎占了旧城的四分之一。市区诸泉在此汇聚后，经北水门流入小清河。现今湖面0.46平方千米，公园面积0.86平方千米，湖面约占53%，平均水深2米左右，最深处4米。

高，要在空气清新、能见度高、湖水清澈平静的仲秋或初春才有可能出现。也正是这个特点，大多数游客只能乘兴而来、失望而归，甚至有人对它的真实性提出了怀疑。民国著名的国学大师胡适先生曾于1922年专程去济南看"佛山倒影"，因没有看到，所以写文章批评这是刘鹗杜撰出来的。

胡适先生因自己没有看到就说这一景观不存在未免过于武断，因为不仅在清代，再往前推几百年，就连元、明时代的文学家也在诗文中歌咏过"佛山倒影"的壮丽景色。金代诗人元好问在《泛舟大明湖》就写道："看山水底山更佳，一堆苍烟收不起。"明朝万历年间历城知县张鹤鸣也是精通诗文的文人骚客，他常用白描的写法描述看到的景物，让人读了有身临其境之感。他在一首《游湖十绝》中这样描写：

佛山影落镜湖秋，湖上看山翠欲流。

花外小舟吹笛过，月明香动水云舟。

明代诗人刘敕所写的《大明湖》用词更受后人推崇："倒影摇青嶂，澄波映画楼。"清代诗人王初桐也写有"平涵千亩碧，倒见数峰青"的佳句……可见"佛山倒影"是真实的，而且目睹过它的人还不在少数。

和胡适先生同一

大明湖公园

084

❖ 大明湖

时期的著名文学家郁达夫在济南时就有幸目睹过"佛山倒影",后来他专门写了一篇游记,其中写道:"大明湖的倒影千佛山,我倒也看见了,站在历下亭的后面东北堤旁临水处,向南一望,千佛山的影子了了可见……"

文学大师季羡林先生就是山东人,他有一段时间曾在济南求学,他也亲眼看见过"佛山倒影"。他回忆说:我忽然见到离开这二三十里路的千佛山的倒影清晰地映在水中,我大为惊喜。记得刘铁云《老残游记》中曾写到在大明湖看到千佛山的倒影。有人认为荒唐,离开二十多里,怎能在大明湖中看到倒影呢?我也迟疑不决。今天竟于无意中看到了,证明刘铁云观察得细致和准确,我怎能不狂喜呢?

为什么相距七八千米外的影像能出现在大明湖呢?当初胡适先生否认这一奇观时也曾想到这个问题。千佛山只是一个海拔185米高的小山,湖与山之间有密林、有街道、有高楼,为什么水中独独只有千佛山的影子?如果我们用光的折射原理来解释,却又那么牵强,也许就是因为解释不清楚,所以大明湖"佛山倒影"才具有更独特的魅力吸引着人们去探寻。

❖ 千佛山佛像

护珠塔为什么斜而不倒

意大利的比萨斜塔因为塔身倾斜却不倒而闻名于世，但是我国的护珠塔却有过之而无不及，因为比萨斜塔倾斜度为5°16'，而护珠塔的倾斜度已经达到6°52'。

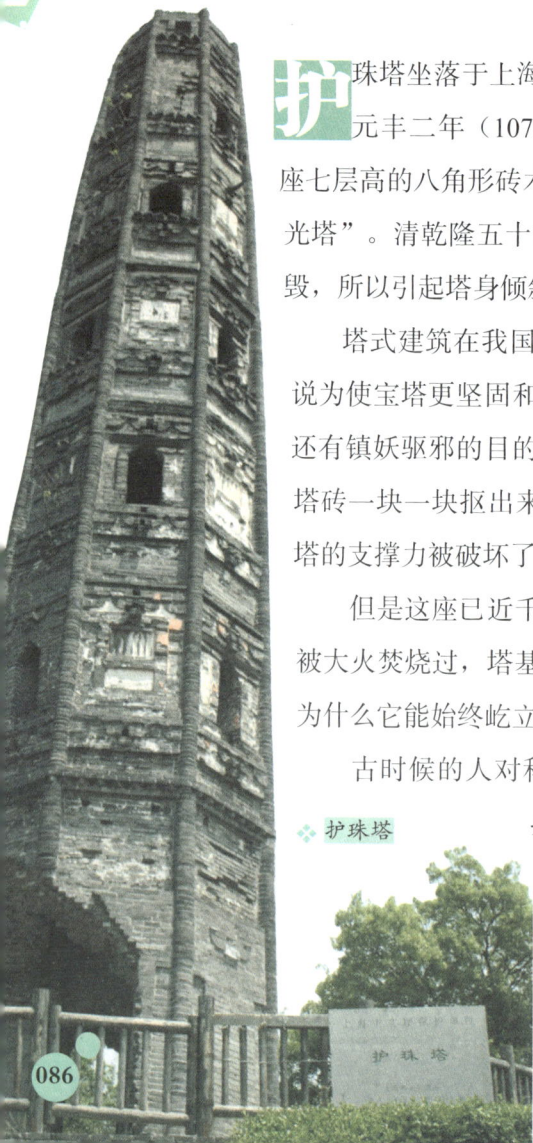

▲ 护珠塔

护珠塔坐落于上海市"松郡九峰"的最高峰天马山上，是北宋元丰二年（1079年）兴建的，距今已过900多年。这是一座七层高的八角形砖木结构的楼阁式宝塔，历史上也曾称之为"宝光塔"。清乾隆五十三年（1788年）因火灾将其内部木质结构烧毁，所以引起塔身倾斜。

塔式建筑在我国历史悠久，其建筑模式也有一定讲究，比如说为使宝塔更坚固和平整，塔的砖缝里要填上一枚铜钱，据说这还有镇妖驱邪的目的。后来，有人为了获得砖缝中的铜钱，就把塔砖一块一块抠出来，以致底层1/3的砖都被掏空了。这样护珠塔的支撑力被破坏了，所以造成了塔身的倾斜。

但是这座已近千年的古塔，在最近200年里屡遭磨难，它既被大火焚烧过，塔基也被破坏掉，而且发生了严重的倾斜，可是为什么它能始终屹立不倒呢？这让人们百思不得其解。

古时候的人对科学认知远没有现代人丰富，他们总会把一些奇异的现象与神话联系在一起。护珠塔也不例外，传说塔的旁边有一棵银杏树，它是500多年前松郡九峰的辰山仙人彭素云

知识小链接

护珠塔因塔身倾斜，故又称斜塔。天马山是"松群九峰"第八峰，为九峰中最大的一座。圆智教寺是九峰中较大的一座佛寺，始建于唐大中十三年（859年）。原在华亭县城西南，五代晋天福年间（936～942年）道水灾坍塌，遂迁到山上。宋代又扩建。寺后有护珠塔，宋元丰二年（1079年），为栱云山的许大全建造。淳祐五年（1245年）重修。

种植的，这棵树的枝叶很有特点，就是全部朝西伸展，而护珠塔就在这棵树的西方。后来银杏树枯了，但它的神力并没有随之消退，依然在托举着护珠塔，所以护珠塔不倒是它的原因。当然，这只是人们一个美好的幻想，不是真实的原因。有建筑学者认为这与古代建塔的工艺有关。古时候人们在建造大型建筑时，都会使用糯米浆和桐油搅拌来黏合土砖，这种泥浆的黏合强度非常牢固，像万里长城所使用的泥浆也是采用的这个方法，据专家称，这种泥浆的黏合强度甚至超过现在的水泥。护珠塔用这种优良的黏合剂配以优秀的砌砖工艺，使整座塔仿佛是一体式设计。虽然塔身有所倾斜，但只要塔基牢固，它就不会倾倒。

但是也有专家提出了不同看法，他们认为护珠塔不倒是地质原因造成的。护珠塔建在天马山沉降不均匀的地基上，东南方向土质软，而西北方土质却较硬，所以塔身向土质较软的东南方倾斜。江浙一带沿海，多刮东南风，护珠塔所处地方空旷，常年接受强劲的东南风的吹拂，在一定程度上起到支撑的作用。

更令人不解的是，在200年前的乾隆年间遭受过大火都没使护珠塔摧毁，在随后的200年间，它周围的许多建筑都因承受不住强风暴雨而倒塌；1984年，上海更经历了一次地震，可是护珠塔依旧安然地屹立在原地，虽然倾斜但不倒塌，是什么神力在支撑着它？人们也在不断地寻找其中的答案。

❖ 护珠塔旁的银杏树

Part3 第三章

太姥山上的谜团

太姥山是福建著名的旅游景点，其秀丽的景色吸引了无数的旅游观光者。太姥山有着丰富的自然景观，但同时又有许多谜一样的地理构造吸引着人们的目光。

神奇的一线天

神话中传说尧时老母在此种兰羽化成仙，为纪念她，就把这座山称为太姥山。太姥山有一处非常险要的景观——"一线天"，它是在一处山崖的裂缝中形成的一条山路，从山下朝上望去，就如同一条窄线一样。其实这样的景观在我国名山中并不少见，但太姥山的"一线天"是最具代表性的，它集多、窄、险、奇于一体。它最宽处有一米，最窄处不足一尺（约33厘米），足见其"窄"；道路落差大，高低起伏不平，足见其"险"；洞壁上多处夹峙着山石，给人以随时掉落之感，足见其"奇"。在太姥山上，一线

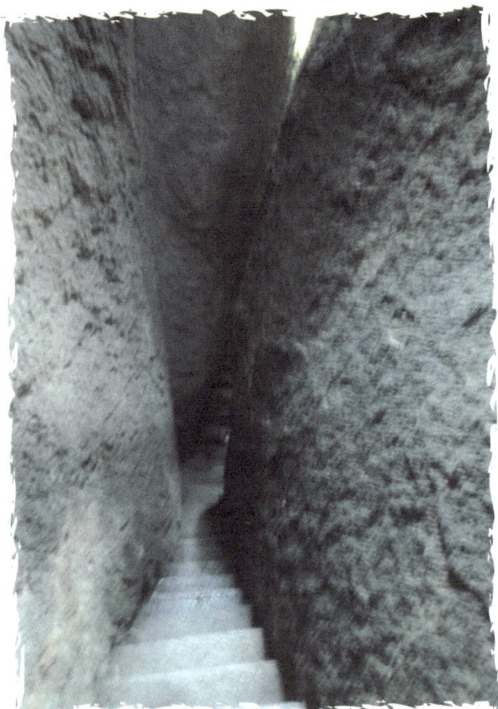
❖ 一线天

天洞、通天洞、七星洞、蓝溪涧洞以及葫芦洞等几处，以"一线天"景观最为著名。

专家们对太姥山众多的"一线天"的形成原因提出了几个看法。太姥山的"裂隙洞"都呈"井"字分布，所以有专家提出了造山运动说；但也有人根据"仙人锯板"景观的特点，提出了是流水长期冲刷切割形成的观点。

嵛山岛三个天湖之水来源之谜

❖ 嵛山岛

太姥山下辖12个岛屿，嵛山岛就是其中之一，它也是十二岛中风景最优美的。2005年，《中国地理》杂志将大嵛山岛评为"中国最美的十大海岛"之一。

嵛山岛上分布着三个淡水湖，它们是"大天湖""小天湖""九猪拱槽"，人们又根据它们水面的形状，称之为"日、月、星"三湖。湖水清澈甘洌，湖水丰盈，总蓄水量达160万立方米。每遇到大旱，附近的居民都到这里来取水。大嵛山岛的三个淡水湖在干旱时节水却不会枯竭，那它的水源又发自何处呢？民间和专家们各有一套理论，这也给嵛山岛平添了几分神秘的色彩。

淡水湖的形成同样有多种版本的说法：

1. 水陆相连说

这种说法的提出和古老的传说有关。传说一年大旱，太姥娘娘眼看百姓因缺水而生活困难，于是心生悲悯，招来龙潭洞里的小白龙，把太姥山上的泉水引至大嵛山岛，并按照日、月、星的样子变出三个湖蓄水，这里的百姓

太姥山位于福建省东北部，在福鼎市正南距市区45千米，约在东经120°与北纬27°的附近。挺立于东海之滨，三面临海，一面背山。主峰海拔917.3米。它北望雁荡山，西眺武夷山，三者成鼎足之势。相传尧时老母种兰于山中，逢道士而羽化仙去，故名"太母"，后又改称"太姥"。闽人称太姥、武夷为"双绝"，浙人视太姥、雁荡为"昆仲"。

这才得救。按照现代人的理解，这就是在陆与岛之间铺了一条管道，使得陆地上的水通过管道流到岛上。但是这一说法经不起推敲，如果两者之间有"连通器"的话，那么岛上三个湖水的高度应该是一致的，可事实并非如此，而且大旱之年，陆地上的水源枯竭，但岛上三湖的水却不会。

2. 天然蓄水说

有人根据海岛的地貌提出了天然蓄水说。嵛山岛的地貌像是一个巨大的"凹"字，中间低四周高，于是形成天然的蓄水湖。有专家根据嵛山岛的面积和当地的降水量，推算出岛上的降水量是三个湖总蓄水量的20倍，除了扣除那些流不进湖中的水，那也是三个湖总蓄水量的20倍。可新的问题又来了，首先专家只计算了岛上的进水量而没有计算流向大海的出水量；其次没有计算岛上居民和游客生活用水的消耗量；三是按照这种方法，低洼处的"小天湖"理应是蓄水最多的湖，可事实却恰恰相反，它的蓄水量是三个湖中最少的。

❖ 太姥山

3. 海雾凝水说

大嵛山岛一年多半时候都雾气缭绕，岛上的植被上常常挂满露珠，这都是因为海雾形成的。海雾在植被上凝结成水珠，水珠再聚合流入地下，最后补给了三个湖。这种说法虽说有一定的道理，但是海雾每天能凝聚多少水却算不出来。

通海洞之谜

太姥山有一条通向大湖的洞，名曰通海洞，有关它的传闻也是迷雾重重。嘉庆年间《福鼎县志》上记载，当时有一个小沙弥来到洞内打探，后来神秘失踪，三个月之后，尸体在山脚下的海面上被发现。此后，又有多个进洞探秘者相继失踪。清朝时，当地的知县命人将洞口封死，并在封洞的大石上手书"镇海塔"三个字。传说中，这个洞是东海龙王小女儿的洞府，她喜欢安静，自己一人在洞中抚琴自娱自乐，如果谁一旦进洞打扰了她，她就会将擅闯者投进无底深渊。

为了了解洞内真实的情况，地质学家用科学仪器对洞内的情况做了勘察，结果发现洞底有一个垂直的断裂带，太姥山本身靠海，所以这个洞有可能通往大海。洞中发出美妙的琴声可能是泉水滴到石壁和地面上发出的。当然这只是人们的推测，真实情况还须进一步考察证实。

❀ 石英砂

石英砂之谜

太姥山上石英砂的含量非常大，山顶的摩霄峰含砂量更是出奇地高，石英砂像是均匀地撒在了山顶一样，太阳一照就能发出点点光芒，所以这片相对平坦的山顶也叫"金沙滩"。这些石英砂的成分和山脚下的海滩上的砂粒相似，所以，山顶的砂石不是人为形成的。因为在该地初设县时，第一任县令傅维写的《游太姥山记》上就写了他的所见所闻："摩霄之绝顶颇平衍，石室、石船、金沙滩、天柱石、仰天湖皆在焉"，可见当时金沙滩就已经存在了。

那这些金砂是怎么出现的呢？有人认为是造山运动太姥山从海底升上来形成的。如果是这样的话，砂粒中应该可能找到海洋生物的遗迹，但是目前还没有发现任何线索。又有人说这是岩石风化的结果，这也说不通，因为太姥山主要由花岗岩构成，其硬度仅逊于金刚石，这么硬的石头是很难风化的。

太姥山有太多的谜团在等着人们去破解。

❖ 太姥山

Part3 第三章

武当奇观

前面我们认识了武当山上人造金殿里那些让人着迷的奇观。下面我们再来看看武当山本身的不解之谜。

武当山坐落于湖北省十堰市丹江口境内，地处大巴山东段。附近有神农架原始森林和碧波万顷的丹江口水库。武当山在历史上有多个名称，如太和山、参上山、仙室山、谢罗山，除此之外又有"太岳""玄岳""大岳"等称谓。它是我国著名的佛教名山和武当拳的发源地，已被联合国教科文组织列入世界文化遗产名录。

武当山的魅力在于它脱离城市的喧哗，山中的宁静、秀丽的风光让人心旷神怡。武当山的主峰"天柱峰"海拔 1612 米，人置身于上仿佛登入云中，望着脚下的浮云，心情顿时开朗。放眼望去，武当七十二峰围绕主峰，如众星捧月一般，全部朝主峰俯首，柱像是帝王接受着众臣的朝拜。难怪有诗云："七十二峰接天青，二十四涧水长鸣。"

❖ 武当山香炉

❖ 武当倚天剑

武当山是秦岭褶皱系南岭褶皱带的隆起中部，是大巴山脉的支脉。武当山于造山运动时浮出地面，在更新世时，由于地壳运动频繁，经历了四次上升和三次稳定期，所以在武当山山体的垂直面上留下了三级明显的痕迹。天柱峰以东的群峰向西倾斜，天柱峰西面的群峰正好相反，峰坡向东倾斜，于是形成独特的"万山来朝"的景观。

武当山是我国著名的道教名山，结合道教的主题，这里留下了许多动人的传说。

相传真武大帝得道成仙之后就住在武当山山顶，他喝令天下，所有的高山都要向他朝拜，于是武当山周围七十二山就转头朝向了他。但是有一个山例外，它叫解山，又叫拐棍山，它的山峰却是朝向一边的。真武大帝看了十分生气，喝道："叫你朝你不朝，一年拔你三万六千毛。"后来，那个山上的植被就很奇怪，只长一些像拐棍一样的小树，而且这种小树的形状也很奇特，就像女人梳的发髻一样，于是当地人又将它称作"抓髻山"。

❖ 武当山太子坡

飞蚁朝顶之谜

多多带翅膀的飞蚁会成群结队排成长龙朝武当山方向飞去。它们飞在天上如同一条长龙一样壮观，于是当地都流传说这是一条天龙，它在天上有呼风唤雨的本事，甚得真武大帝的赏识。这就是"飞蚁化龙朝真武"，即"飞蚁朝顶"景观。

❖ 武当山紫禁城

这一奇观每年都会发生，虽然当地流传着多个与之有关的传说，但都不具有科学依据。专家考证，出现这种现象可能与当地的气候和建筑有关。武当山的地理环境特殊，地上的水分蒸发不是直线上升，而且贴着山体向上升腾，于是形成由小山峰向高山峰聚拢的气流场，水蒸气在上升过程中会形成引力，所以飞蚁就随着这股上升的引力向天柱峰聚集。

知识小链接

武当山是联合国公布的世界文化遗产地之一，是中国国家重点风景名胜区，被誉为"亘古无双胜境，天下第一仙山"。武当道教受到封建帝王的推崇，明朝达到鼎盛。永乐皇帝"北建故宫，南修武当"，明朝皇帝直接控制的武当道场，被称为"皇室家庙"。

当它们飞到紫禁城就要受建筑作用的影响了。武当山紫金城建于明朝永乐十七年（1419年），它环绕天柱峰峰顶依势而建。城墙周长344.43米，城墙是用山东临清产的专用城砖砌成。从内往外看城墙好像向外倾斜，站在墙外看，又像向内倾斜。从远处看，更像一条光圈环绕着金殿，高大的城墙和山体形成了峡谷圈，上升的气流到这里就会绕圈旋转，飞蚁到这

❖ 武当山的铜钟

儿后就只能乖乖地随着气流旋转，好像真的是一条黑龙在朝拜真武大帝一样。时间一长，飞蚁们就会筋疲力尽，最后落在金顶周围而失去生命。

"飞蚁朝顶"让游客们津津乐道，成为他们来武当旅游见到的又一胜景，更为武当山神话的传说增添了浓重的一笔。从生态角度讲，这一结果有效地控制了当地的飞蚁数量，为武当山森林除了害，这是否是紫禁城修建者们的有意所为，还是自然力量的结果，为什么上升气流只会引来飞蚁而不是其他昆虫？这些问题都在等着人们去解开。

❖ 武当山

第四章

千年难解之谜

在本章中，你将领略到那些曾经困扰了我们祖祖辈辈许多年的未解之谜。在历史的长河里，我们的祖先给我们留下了太多疑问，为了解开这些谜团，后人进行了大量的努力，可是至今这些谜团仍没有解开，下面我们一起去探究这些谜团背后的故事吧。

"楼兰"为何迅速**衰落**

在古代，楼兰是一个颇具传奇色彩的异域古国，可是它仿佛一夜之间就衰落了，现在只留下半截城郭给后人去追忆。

塔里木盆地

汉武帝时为了打败匈奴，打通去往西域的门户，派大将军霍光前去攻打楼兰国。"青海长云暗雪山，孤城遥望玉门关。黄沙百战穿金甲，不破楼兰终不还。"这是唐代诗人王昌龄假想汉代将士们豪情的名诗。这也充分说明，楼兰国在汉朝时还是西北一座重要城市，到了唐朝只剩下文学作品里人们对它的追忆了。可能有人要问了，楼兰在何处？它有着怎样的历史？为

丝绸之路之群雕

❖ 沙漠

何突然消亡？这些问题也引起了国内外专家的极大兴趣。虽然人们解决了一部分问题，但还有很多疑问没有彻底解开。

我国 1966 年版的《中国地图》上首先标明了"楼兰遗址"的具体位置，它坐落于新疆塔里木盆地东部，靠近罗布泊，属新疆巴音郭楞蒙古自治州若羌县。在世界上，楼兰城的知名度可与意大利西西里岛的庞贝古城相媲美，所以它又有"沙漠中的庞贝"之称。自 20 世纪初开始，国内外的考古专家对楼兰遗迹进行过多次科学考察，并找到一处边长约 330 米的城墙遗址，出土了一批具有研究价值的文物。在城的周围发现了许多同时期的坟墓，在这些坟墓中陆续又发现了许多钱币、漆器、玉器和金银珠宝。更令专家意外的是，这里还出土了一些西方的绘画和雕刻艺术品，可见楼兰国与西方贸易密切。城的东面有一座佛塔，现已经风化残缺，只留下高约 10.4 米残余部分，专家表示，这座残塔是我国迄今为止最早的宗教建筑。这更加说明，楼兰当时集东西方文化之大成，是丝绸之路上著名的重要商埠。

❖ 楼兰出土的文物

因为特殊的地理位置，所以它也成为兵家必争之地。从出土的一些农耕工具可以看出，当时的楼兰并非现在的不毛之地，而是塔里木盆地的一块绿洲，这里水草丰沛，牛

楼兰文化堪称是世界之最的人文景观。据考古学家证实：塔里木河盆地人类活动已有一万年以上的历史。如果我们把遗弃在塔克拉玛干大沙漠中的古城用一根红线连接起来，会惊奇地发现，所有的古城包括楼兰王国在内，突然消失的时间都在公元415年，所有的遗址都位于距今天人类生活地 50~200 千米的茫茫沙漠之中。

羊遍地，是一处商业发达的城市。

司马迁在《史记》中也提到，张骞也使西域之前，楼兰就已经闻名西北边陲了。但之后的历朝历代就几乎没有再提到楼兰这个名字。到了近代，瑞典地理学家斯文·赫定为了寻找罗布泊而于1900年来到这座荒漠，他也是无意间发现了这座古城的遗址，他的发现一经公布，来自世界各地的慕名者蜂拥而至。他们在追寻历史的记忆时，都不约而同地提出一个问题：楼兰是怎么消失的？

与庞贝古城不同，楼兰没有留下任何自然摧毁的痕迹，所以人们只能从人为和自然力量几个方面总结出几条线索：（1）毁于战争；（2）因人为因素，造成塔里木河水量减少，这里逐渐沙化；（3）河流改道引起沙化；（4）过度开垦造成生态破坏；（5）丝绸之路改道。这些线索只是人们的推测，在没有确实证据前，楼兰是如何消亡的仍然是不解之谜。

❖ 庞贝古城

Part4 第四章

寻找美丽的"桃花源"

陶渊明的《桃花源记》中记载:"复行数十步,豁然开朗。土地平旷,屋舍俨然。有良田美池桑竹之属,阡陌交通,鸡犬相闻……"这么美的地方究竟在何处呢?

❖ 桃花

陶渊明是东晋诗人,他写了一篇旷世美文《桃花源记》,在文中他描写了一个恍若人间仙境的世外桃源,留给后人无限的遐想,后世历代都不乏有心之人寻找文中的这块仙境,但是每每都无功而返,人们不禁要问了,这是诗人描写心中幻想的地方还是真实存在的地方?

有人从陶渊明的家乡开始寻找蛛丝马迹,首先在陶渊明的家乡庐山某山谷中就有一处被称作桃花源的地方。也有人指出,在安徽古徽州的黟县也有一座桃花源,而且这里的武陵岭、武陵村与陶渊明在《桃花源记》中的描述也有几分相似。但更多的人认为陶渊明描写的桃花源应该是湖南常德市的桃源县。不论孰真孰假,至少说明"桃花源"的真实性是不容置疑的。

自从陶渊明写出《桃花源记》之后,桃花源成为文人墨客心中理想的境地,湖南桃花源不论是否真是陶渊明笔下那个地方,也同样吸引了很多名人前来游历,这里更留下孟浩然、李白、韩愈、苏轼等大家的足迹。如今,当

❖ 桃花树

地政府更把这里打造成一个旅游品牌，每年都吸引了数以万计的游客前来观光。湖南桃花源依山傍水，风景秀丽，一条桃花溪把人们的思绪带到仙境中去。沿溪水前行，有一片桃林，这仿佛就是《桃花源记》中描写的"中无杂村，芳草鲜美，落英缤纷"。向桃林深处走去，沿古桥过去，就会发现一个洞穴，从洞穴中穿越，只十步之遥，就能真实还原《桃花源记》中描写的那样眼前"豁然开朗"。不论是"土地平旷"千丘田，还是"屋舍俨然"的豁然轩，都与文中描写的一模一样。

关于这个地方还有一段动人传说。相传秦始皇修建万里长城，在天下广征徭役，有一个男人带着两个宫女和一位老妇人一起逃到了这里。他们在这片荒芜之地组建了家庭，男耕女织过上了世外桃源般的生活，后来，他们的子孙不断壮大，并在这里建起了村落，世世代代幸福地生活在这里。

据当地的史料记载，这里早在汉朝时期就已经是远近闻名的名胜了。当时它的名字还不叫"桃源"。到北周时期，陶渊明写下著名的《桃花源记》之后，人们才发现这里与其文中描写的景致并无二致，于是后来人们慢慢将这里称作了"桃花源"。

到了唐朝，政治稳定，经济发达，政府投入巨资对桃花源进行了开发修建，桥梁、亭台相继建成，并向外扩展了40多万平方千米的土地。这次修建，桃花源

❖ 桃花

知识小链接

叫桃花源的地名有很多，湖南常德、湖北十堰、江苏连云港、安徽黄山、台湾基隆、河南南阳、重庆永川、酉阳等地都有桃花源。陶渊明《桃花源记》中所述的"桃花源"的原型究竟在什么地方？学术界尚有争议。真正的桃花源也许就在每个人的心中，我们都需要一个属于自己的精神乐园。

景区基本定型，而到宋朝经过进一步的修葺，从沅江畔到桃花山已经形成一个庞大的景区。

但不幸的是，桃花源在历史上也曾遭受过两次严重的火灾，一次发生在元末，一次发生在明末。两场大火几乎烧毁了桃源中所有的建筑，而我们现在所能看到的是清朝光绪年间，由当地县令余良栋组织重建的，在这次重修中，余良栋还专门吩咐匠人修建了一所陶渊明祠堂，并按照《桃花源记》中的描述，最大限度地还原文中原貌，如问津亭、延至馆、穷林桥、水源亭、豁然轩、高举阁、寻契亭、既出亭、问路桥等都真实地还原了出来。

到了现代，桃花源景区又进一步扩大，继续开发了桃仙岭、桃源山、桃花山、秦人村等景观，景区已经达到150多平方千米。

研究桃花源的学者发现，陶渊明笔下的桃花源究竟在哪里已经不重要，重要的是受陶渊明的熏陶，每个人的心目中已经有了自己的桃花源。

❖ 桃花林

Part4 第四章

圣洁之地——香格里拉

一直以来，"香格里拉"只闻其声不见其面，究竟"香格里拉"在何处？恐怕没人回答得上来，只知道它是一处神秘、圣洁的净土，更是人们心目中的世外桃源。

香格里拉的水

"香格里拉"是藏语"心中明月"的意思，是一种人们心目中天堂般的生活方式。英语单词中也有"Shangri-La"一词，意思和我国的"世外桃源"一致。

很久以来，人们只知道香格里拉，但它在什么位置却不得而知，直到20世纪90年代，人们才确定中国云南的迪庆就是传说中的香格里拉，2001年，迪庆也正式更名为香格里拉县。

香格里拉坐落于中国三江风景区中心地带，附近被巍峨的太子雪山、白芒雪山、哈巴雪山以及有

香格里拉的大草原

❖ 香格里拉的水

云南第一高峰的"卡格博峰"所环绕，气候宜人。放眼环顾四周，只见几处高峰全都白雪皑皑，再配以清澈宁静的湖水，这不就是人间仙境吗？

只有身在香格里拉，你才能切身体会到什么是享受生活，这里的牧民悠然地在碧绿的草地上放牧，牛羊牧马们低头静静享用着鲜嫩的绿草。

也许与这里清新的空气、没有污染的生活环境和平和的心态有关，生活在这里的人普遍都身体健康，而且很少有疑难杂症，所以都很长寿。许多游人一来到这里就再也不想坐上返回的汽车了。香格里拉是有灵性的，或者说是受了什么神奇的力量庇佑，据说，凡是香格里拉的居民走出这块土地就会快速衰老。这一现象引起科学家们的兴趣，他们来到这里希望找出这里居民长寿的秘密。他们先后勘察了当地的饮用水、饮食喜好、地表磁场等指标，但得出的答案都不足以解释人们长寿的原因。

香格里拉第一次被人们所了解是因为美国作家詹姆斯·希尔顿于1933年出版的一本书，在这本《消失的地平线》中，作者向人们描绘了一个天堂一样的地方。可是人们并不认为世界上有这么一片静土，他们更相信这是作者为了需要而艺术加工出来的地方。这本书出版后非常受欢迎，人们心目中的田园生活也被唤起，于是美国和欧洲都兴

❖ 《消失的地平线》

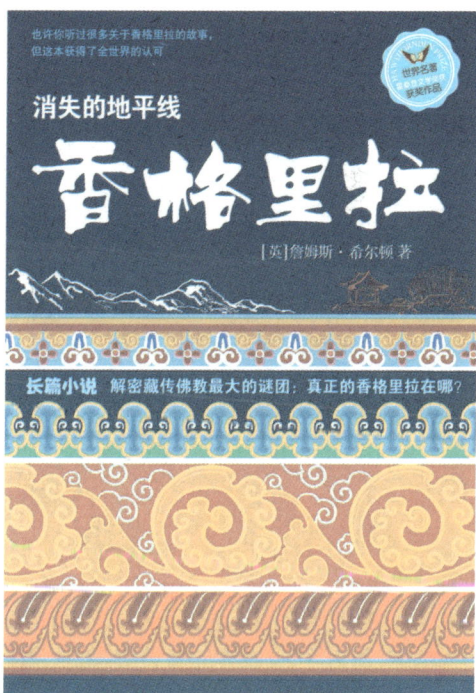
也许你听过很多关于香格里拉的故事，但这本书获得了全世界的认可
世界名著 获奖作品
消失的地平线
香格里拉
[英]詹姆斯·希尔顿 著
长篇小说 解密藏传佛教最大的谜团：真正的香格里拉在哪？

知识小链接

香格里拉的理念就是各民族和睦相处，不被种族、信仰、习俗所界阂；人与自然和谐相处，对自然索取节制，以一种适度作为行为准则建立起来的文化秩序。它的重要意义在于体现了人类高度理性的人文文化永恒主题：和谐、自然、发展。

起了"寻找香格里拉"的热潮。

然而第一个找到香格里拉的并不是欧美人，而是一个新加坡商人，他在迪庆发现，这里和希尔顿所描述的地方几乎一模一样。但是，希尔顿是个伟大的旅行家，他一生去过很多美丽的地方，因为他在书中并没有明确写出香格里拉的具体位置，所以直到今天，还有一部分人对香格里拉是否真实存在表示怀疑。

也有一部分人认为，西藏古典传记中"香巴拉"才是真正的香格里拉。典籍中"香巴拉"被描绘成一个被雪山环绕、天地一片纯净的地方，还有几尊黄金制作的佛塔屹立在不同的地方，这个描述和希尔顿所描写的地方也有几分相似之处。

但是不要忘了，《消失的地平线》的作者希尔顿先生写这本书的目的，就是唤醒人们对大自然的热爱，从这个角度讲，小说中的"原型"究竟是迪庆还是香巴拉已经不重要了。

❖ **香格里拉的大草原**

Part4 第四章

北京古城墙上的缺憾

读者朋友们对北京紫禁城一定不陌生，这座明清宫廷建筑代表了中国建筑的艺术精华，可是在这么严肃的地方也存在缺憾，这是怎么回事呢？

古城缺憾被发现

故宫是我国迄今保存最完整的大型古代建筑，它始建于明朝永乐四年（1406年），后经明清两代多次扩建，形成现今的规模。故宫分内朝和外朝两个建筑群。明清时期的帝王在处理国家事务时都会在外朝进行，帝王办公和家眷休息的地方则在内朝。故宫的建筑结构复杂多变、样式高度统一、木质结构精巧，反映了中国建筑的高超水平。

按正常思维，皇城应该有棱有角，四四方方，城墙都是平行的，四周有角，可事实真是这样吗？美国曾在20世纪80年代发射了两颗高精度卫星，并对北京城进行了拍摄。通过这些卫星图像，我们可以清楚地看清紫禁城内城城墙的情况。内城是沿德胜门、安定门、朝阳门、崇文门、宣武门、阜成门、西直门围成的，虽然大多数城墙、城楼早已被现

◈ 北京故宫

❖ 北京故宫

代化的建筑所取代，但由于原城墙在构建时有非常坚实的墙基，所以卫星在多波段扫描时，还是能将原来的旧址清楚地还原出来。人们在研究这些图片时发现了一个有趣的现象，就是四面城墙组成的并不是四四方方的矩形，只有东北、东南、西南三个方向围成直角，而西北却是抹角，为何要独缺一角呢？各领域的专家对这个问题进行了讨论，提出几种不同的看法。

不一样的看法

有人认为这跟明朝开国皇帝朱元璋有关。朱元璋在打天下时，曾采纳部下"高筑墙，广积粮，缓称王"的建议并最终取得胜利。后来他感到"非深沟高垒、内储外备不能为安"，于是命令心腹大臣刘基、姚广孝设计内城样式。刘、姚二人经过反复设计、修改，然后将定型的设计图上报给朱元璋。朱元璋细细审看过之后，认为不妥，他的意见是："自古筑城虽有一定规矩，但根据我的经验，凡事切莫墨守成规，《礼记》云：'规矩城设，不可欺以方圆。'我看还是改动一下为好。"于是拿起笔来，把西北角给抹了去，所以明朝建设

❖ 朱元璋

紫禁城是中国明清两代24个皇帝的皇宫。明朝第三位皇帝朱棣在夺取帝位后，决定迁都北京，即开始营造紫禁城宫殿，至明永乐十八年（1420年）落成。依照中国古代星象学说，紫微垣（即北极星）位于中天，乃天帝所居，天人对应，所以皇帝的居所又称紫禁城。

城池都有一个特点：四角缺一角。

还有一种说法，明朝初年，燕王朱棣携军师刘伯温和姚广孝负责修建北京城，刘伯温和姚广孝在设计图纸时眼前都出现了八臂哪吒的幻影，于是两个人都把哪吒的模样画了出来，眼看姚广孝就要画好，忽然飞来一阵风，把哪吒的衣襟给掀了起来，他也照此画了出来。最后建城时，朱棣下令：东城按刘伯温的图样画，西城按姚广孝的图样画，因为姚广孝画哪吒的衣襟时被掀起一角，所以德胜门到西南门那一块就成斜的了。当然，这只是民间的传说罢了，不足为信。

除了以上两种说法外，一些历史学家和考古学家都站在各自的学术立场上提出了不同的看法。近代，又有一些地质专家提出这样的看法：西北角的城墙在设计之初原本也是直角的，但是，这个直角正好建在地质断裂带上，由于地质活动，西北角城墙经常出现大的裂缝或是倒塌，这样一来大大增加了皇城的危险性，于是，才把这个角改成抹角。这样就能避免因断裂而影响城墙安全的隐患了。

奇怪的是，这种有违常理的建筑风格在明清两代历史书籍上都只字未提，留下的大多是流传于民间的传说，所以留给我们太多的猜测，专家们也希望能通过某种途径，抽丝剥茧，还原历史的真相。

❖ 北京故宫

深埋于地下的**开封古城**之谜

我国历史悠久，特别是在中原地区，曾经建造了一座又一座的城池，有些随着岁月的流逝被掩埋在黄土之中……

古城被发现

❖ 开封府

开封城里的人们都听说过这个传说，在自己脚下 3～12 米深处，上下叠压着六座古城池，所以市井中也有"开封城，城摞城，地下埋有几座城"和"开封城摞城，龙亭宫摞宫，潘阳湖底深藏几座宫"的传闻。它们中有曾经的古都，也有重要城市，事实真是如此吗？这个问题一直吸引着考古工作者们，他们期望有朝一日能让这些掩埋在地下的城池重见天日，再现其往日的辉煌。

这些传闻是有文献资料做依据的，可惜的是很久以来都没有物证来证实。到了近代，随着科考技术的进步，开封地下古城的真实性终于被人们所证实。1981 年，开封市的考古工作者经过多年挖掘发现，如今的开封市地下确实上下叠压着六座古代城池，经鉴定，证实这六座城池分别是战国时期魏国的大梁城、唐代的汴州城、五代及北宋时期的东京城、金代的汴京城、明代的开封城、清代的开封城。

地下古城能否开发

❖ 黄河

地下存在古城已经被正式确认，新的问题又来了，这些古城能不能开发，让其重见天日？

我们先从最下面的大梁城说起，它的位置在地表以下 12~14 米处，汴州城则位于地表 10 米处，东京城位于地表下 8 米处，金汴京城在地表下 6 米处，明开封在地表下 5 米处，清开封城最近，但也在地表下 3 米处。

为什么开封城会一城摞着一城呢？这就要从开封身边的大河——黄河说起。黄河是著名的悬河，在古代，黄河经常发大水，黄河沿岸的城池经常被淹，开封城也不例外，常常是冲毁再重建，所以在地下埋的也都是些墙体的根基，而不是完整的城墙等建筑。

开发中遇到的困难

❖ 州桥

在这些历史建筑中，州桥是其中最受关注的。这座有着 1200 多年历史的州桥是北宋都城汴梁的重要建筑，它横跨汴河、贯通皇城，现在在开封市中山路还能找到它的遗迹。它毁于明朝末年的一次黄河决堤，桥身

知识小链接

开封古称东京、汴京有"十朝古都""七朝都会"之称。开封是《清明上河图》的原创地，有"东京梦华"之美誉，开封是世界上唯一一座城市中轴线从未变动的都城，城摞城遗址在世界考古史和都城史上是绝无仅有的。北宋东京城是当时世界最繁华、面积最大、人口最多的大都市。

被埋在地下四米处。宋代名家孟元老在其所著的《东京梦华录》对州桥的样貌进行了描述："州桥，正名天汉桥，正对大内御街。其桥与相国寺桥皆低平，不通舟船，唯西河平船可过。其柱皆青石为之，石梁石榫楯栏，近桥两岸皆石壁，雕镂海牙、水兽、飞云之状。桥下密排石柱，盖车驾御路也。"当时它是汴京八景之一。

1984 年 8 月 17 日开始，开封考古工作者对中山路下的州桥进行了挖掘，由于桥身上方现在都是大型建筑，所以只能在地下测得它的大小。这座桥南北长 17 米、东西宽 30 米、孔高 6.58 米、拱跨 5.8 米，在测得数据后，工作人员又遗憾地将其掩埋了，希望有朝一日能将其整体移到地上。

开封离黄河很近，由于地势底于黄河，所以造成地下水位相对较高。如果要开挖地下城，如何避免水害成了大难题。另外，现在旧城上已经被现代化的都市所取代，如果开挖势必要搬迁一部分城市建筑，这对于一个中等城市来说，基本上是不可能完成的。

古城遗址

杭州西湖是怎么形成的

在我国有多个以"西湖"命名的湖泊，其中尤以杭州西湖最为有名。"杭州之有西湖，如人之有眉目也"，可见西湖在文人眼里到了秀色可餐的地步，那么西湖是怎么形成的呢？

筑塘成湖说

古时候人们就认为西湖是与大海相通的，这一说法也得到现代地质学者的肯定。在南朝宋文帝时，钱塘县令刘道真在《钱塘记》引述了早在东汉时期郡议曹华信带领当地百姓修筑了"防海大塘"，西湖和海隔开，从此单独成湖，这一说法代代相传直到今天，十分具有可信度。

火山爆发形成说

1909年日本地质学专家石井八万次郎来到杭州，以独到的观点提出了自己的看法。

因为西湖的南、西、北面均有群山环绕，而唯独东面是平原，西北的葛岭、宝石山均有凝灰岩成分，且山体上有大量火山岩的流纹。

❖ 西湖

而宝石山上的火山痕迹更加明显，它的山体上留存着一条清楚的火山通道。科学家经过测算，发现这个火山通道向南延伸向西湖，通道面积2000平方米。所以他们断言，在1.3亿年前的侏罗纪晚期，在西湖附近爆发了强烈的火山，岩浆外流，地壳下陷，火山口最后变成洼地，以后逐渐形成了湖泊。

❖ 宝石山造像

由泄湖形成

竺可桢是我们近代著名的科学家，他在1921年也对西湖进行过勘测，他的看法是西湖是由潟湖演变而来的。

❖ 竺可桢

竺可桢站在现代科学的角度分析西湖的形成，并否认了石井八万次郎的火山形成说。竺可桢的说法得到了地质专家章鸿钊先生的支持，并对其部分观点做了适当补充。之后高平、朱庭祜等也都认可了这一说法，认为西湖原是东海海湾，由于江潮挟带大量泥沙在此地堆积，最终把西湖与大湖彻底

西湖

隔绝。

魏嵩山从《史记·秦始皇本纪》中找到了理论依据，读书中有"其时当始于东汉"一句，认为这是西湖与海隔绝形成的内湖。林华东对主张西湖是筑塘成湖说的观点提出质疑，他认为当时华信所筑的"防海大塘"，其功能是为了防御海浪冲蚀内陆海岸，在吴山与宝石山建这么庞大的堤防作用有点被夸大了，它倒是和我们现在的水库作用差不多。

吴维棠用仪器在西湖岸边钻孔采样，样本取自 4 米深的地下，在这个样本中，吴维棠测得一些富有有机物的黑质土样，其中包含植物的残体。经过碳 -14 年代测量，它的形成距今 2600 年左右。随后又在白堤锦带桥两侧各钻取一组样本，这组样本的炭化程度相当高，有 10～50 厘米的泥炭层。泥炭层的下面是青灰色粉砂质黏土，同样富含有机物和炭化的植物残体，又经过进一步分析，发现这些植物是由黑三棱、眼子菜等陆上浅水生植物构成。这充分说明在几千年前，西湖还是一片沼泽地。所以吴维棠先生推断：在西汉以前，西湖并不存在，就连杭州城也大部分是沼泽地。

徐建春则不认同，他认为西湖早在春秋时代就从海湾中脱离，并演化成陆地上的内陆湖，所以说西湖是由于建坝与大海隔离的说

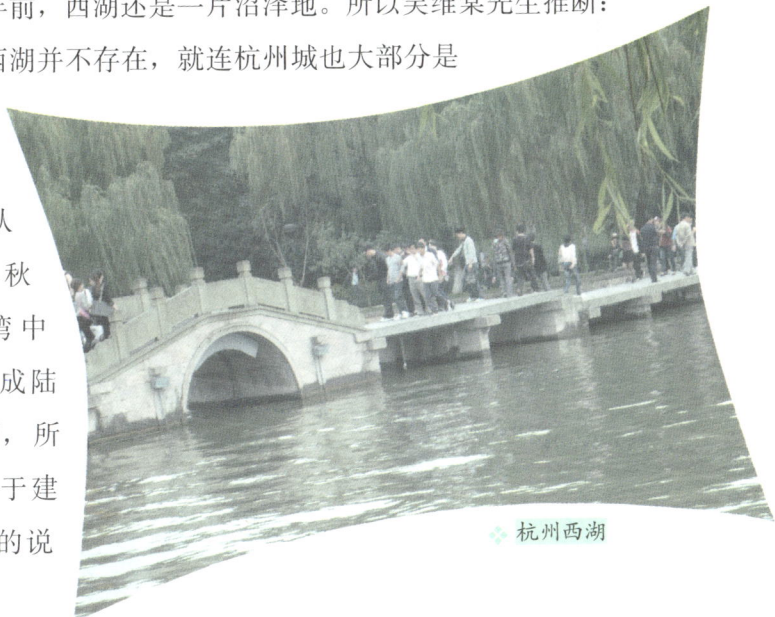

杭州西湖

知识小链接

杭州西湖位于浙江省杭州市西部，杭州市市中心，也称西子湖。其余三面环山，面积约 6.5 平方千米，南北长约 3.2 千米，东西宽约 2.8 千米。云山秀水是西湖的底色，山水与人文交融是西湖风景名胜区的格调。

法是值得商榷的。西湖根本不是在汉朝时期形成，而是在春秋时代就已经沼泽化，后来经过人为的挖掘最终成湖。他推测，在 7000~6500 年前，当时的海面比现在要高，杭嘉湖平原的西侧，有一条经湖州、德清、余杭、杭州流入杭州湾的河口湾，这一河口的宽度与现在的杭州湾不相上下。

后来随着泥沙的不断沉积，特别是钱塘江出海口形成喇叭状，涌潮开始出现了，从而使沿江一带比南陆还高，太湖往南到杭州湾的河口湾开始变窄，许多水被截留了下来，最终形成湖泊。除西湖之外，杭州的下湖、古荡、临平湖、泛洋湖、白洋湖都是在这一时期因为同一种原因形成的。

西湖究竟是怎么形成的？各路专家各执一词，仔细分析又各有道理，看来要认清西湖形成的原因，还要做进一步的研究。

❖ 西湖

Part4 第四章

杭州的建城纪年之谜

杭州是我国七大古都之一，在历史上占有举足轻重的地位，和其他古都比起来，它还是一个年轻的城市，这是为什么呢？

资料里寻芳踪

从现有的历史资料里我们可以发现，现在的杭州只有 2000 多年历史，与其他古城相比，还算是年轻的城市。在 2200 多年前，现在杭州所处的位置还是一片碧波荡漾的江水，那 2000 多年前的杭州城又建在哪里呢？

杭州建城纪年的断代问题一直以来困扰着史学家，此外杭州建城纪年是什么时候也还没有确切的时间。

中国自古城市建设就有一定的建制和样式，特别是在公元前 201 年，汉高祖下令：天下所有县邑都需要建城池。从此，城垣就成了中国古代城市标志性特点。

现代，我们说一个城市的建城纪年，也就是这座城市建成的最早时间。"杭州"最早始建于公元前 221 年秦始皇统一中国之时，但建城时间却是公元 591 年，是隋朝重臣杨素依凤凰山所建之城。如果按这个时间推算，杭州城也不过有 1400 年的建城历史。

> **知识小链接**
>
> 杭州南与绍兴相连，西南与衢州相接，北与湖州、嘉兴两市毗邻，西南与安徽省黄山市交界，西北与安徽省宣城交接。杭州地处长江三角洲南沿和钱塘江流域，地形复杂多样。杭州市西部属浙西丘陵区，主干山脉有天目山等。东部属浙北平原，地势低平，河网密布，具有典型的"江南水乡"特征。

难道秦朝时只定了"杭州"城名而没有建城？即便秦朝没有，到了汉高祖时，他可是令天下所有的县邑都必须筑城的，难道当时钱塘县仍没落成？

灵隐寺旁觅线索

最早有关杭州的文字资料现于南朝宋文帝时期（距今1600多年），当时的钱塘县令刘道真将他所见到的古钱塘县遗址写了下来，"昔（钱塘）县境逼近江流，县在灵隐山下，至今基址犹存"。从这句话的意思可以看出，当时的古钱塘遗址也已经废置，但遗址的痕迹还是能辨认出来的。

找到这一遗址就能确定当时钱塘县的具体位置。根据刘道真的描述，人们在灵隐寺的周边寻找线索，但是尽了很大努力之后，仍无收获。最后专家根据地质情况判断：灵隐寺附近狭窄的盆地内是不适合建筑城池的。但专家根据"县在灵隐山下"这条线索，推断秦汉时期的钱塘县应该在西湖群山之中，并划出了大致范围。但直到今天，刘道真所描述的旧城墙遗址仍未找到。

❖ 灵隐寺

钱塘江畔核对古代地标

在搜索无果的情况下，又有专家根据刘道真"昔（钱塘）县境逼近江流"这句话推断出：秦汉时期的钱塘县不是在西湖边，而是在钱塘江旁。并结合郦道元所著的《水经注》找到了古代地标，那就是转塘东南方向的狮子山和包山。通过对比，专家得出结论，秦汉时期的钱塘县很有可能建在转塘、凌家桥一线以西的丘陵地区。

这位专家运用了各种科学勘察手段，结合严谨的现场考察，理论上似乎完美地解决了古杭州城位置的疑问。但是，近几年地质学和考古学家对这片区域进行考察时却找不到有力的证据支持他的观点。因为在这片丘陵地区莫说秦汉时期的建筑遗迹，就连汉代的遗迹也几乎找不到。

钱塘江畔虽然有古代地标，但却不能指引后人寻找到旧杭州城，看来想识别杭州旧城的真面目，还得后人继续去寻找、去论证。

❖ 钱塘江

谜一样的哥窑

中国除了四大发明之外，还有很多发明对世界文明做出了贡献，比如瓷器，这是我国劳动人民智慧与技艺的完美结合体，也是令世界人民惊叹的物品。

宋朝时期，瓷器发展进入了空前繁荣的阶段，当时中原大地上有五大名窑，它们分别是钧窑、汝窑、官窑、哥窑、定窑，从这里出产的瓷器代表了当时的最高水平。这里出产的瓷器不仅进贡到宫中，而且还出口到国外，为宋朝积累了大量的财富。当时，主流瓷器都以表面光亮、造型优美为卖点，而唯独哥窑是例外。你第一眼看到哥窑瓷时会怀疑这件瓷器是不是刚刚掉到地上过，因为整个瓷器遍布"裂纹"。在人们挑选瓷器时，如果上面有裂纹肯定不会被人喜欢，但哥窑瓷器并非制作过程中失误而造成的，这恰恰是哥窑瓷器与众不同之处。制作瓷器的匠人都非常了解，在瓷器烧制过程中难免会产生裂纹，而哥窑的匠人们恰恰掌握了瓷器在烧制过程中开裂的规律，故意设计了这种工艺给自己的瓷器贴上了"防伪标签"，而经过精心炼制的哥窑瓷因为独树一帜、纹路精美，所以成为不可多得的精品。人们给这些纹路起了"冰裂纹"或

❖ 哥窑瓷

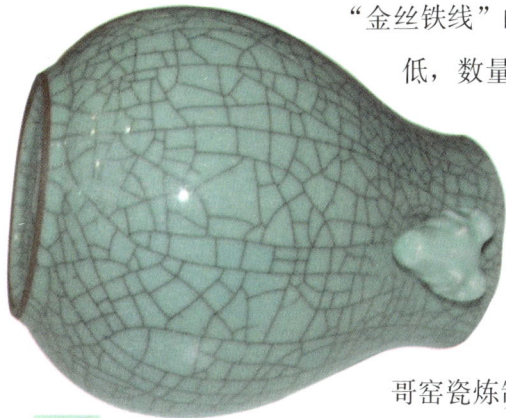
❖ 哥窑瓷

"金丝铁线"的雅称，因为工艺复杂，成品率很低，数量比元代青花瓷还少，所以件件都是稀世珍品。

造型精美的哥窑瓷是在哪里烧制出来的呢？有关哥窑窑址一直以来是人们苦苦追寻的目标，因为只有找到窑址才有可能还原哥窑瓷炼制的工艺，使这一艺术精品重现人间，但是寻找工作一直没有进展，成为悬案。专家在寻找过程中，形成了不同的观点：（1）哥窑应该在浙江省龙泉县，因为明代史书上曾有过记载，说在南宋时期这里曾建有两座瓷窑，一处是哥窑，另一处是龙泉窑，但这个说法得不到现代专家的认可。因为史书记载相对模糊，另外在对龙泉县陶瓷窑址进行挖掘时虽然出土了带有裂纹的瓷器，但对比哥窑瓷就会发现，两者的形状、釉彩和胎制都存在很大差别。所以专家认为这只能说明龙泉县确实烧制过带有裂纹的瓷器，但它不能算是哥窑瓷。（2）哥窑在江西吉安市，史料记载，这里曾有一座"碎器窑"，也称吉州窑，但目前没有找到这座窑的遗址，也不能确定它是否就是哥窑遗址。（3）哥窑在杭州，明朝有一本史书明确指出哥窑用土全部取自杭州凤凰山下，那么哥窑就应离此地不远，最大的可能就在杭州城。（4）哥窑是现在的江西景德镇，明清时期，景德镇也曾仿制过哥窑瓷，两者相似度非常高，由此学者断言，江西景德镇就是哥窑旧址，否则做不出与哥窑瓷相似度这么高的瓷器。

直到目前，哥窑的具体方位仍然没有定论。

知识小链接

哥窑是文献中记载的宋代五大名窑之一，历来受到收藏家、鉴赏家、考古学家等专家学者的重视和关注，对哥窑的课题研究从未间断且方兴未艾。然而迄今未找到其确切窑址。哥窑瓷器非常珍贵，据统计，全世界大约只有100余件，远远少于元青花瓷的存世数量。

台湾名称的由来

台湾岛自古就有"宝岛"之称，自古代起就是我国不可分割的一部分。

我国对台湾的管辖自古就有记载，东汉时称为夷洲，隋朝时改称琉球，明朝时又改称北港、东蕃。元、明两朝都在此地设巡检衙门，康熙二十三年（1684年），收复台湾后，设台湾府，属福建省管辖。1876年，即光绪二年，又设台湾省。那么"台湾"这一称谓是什么时候确立的呢？据史料记载，"台湾"一词最先见于明崇祯八年（1635年）何楷等人的奏折中，并沿用至今。"台湾"一词又是怎么来的？有何特殊的含义呢？学术界有着不同的看法。

有一种说法是"台湾"取自神话传说中的"岱屿"和"员峤"的首字，即由"岱员"转变而来；也有一种说法是取自台湾附近经常形成的台风；还有一种令人匪夷所思的说法是取自"埋冤"一词，因方言不同，所以才改称"台湾"。

◆ 康熙

台湾近代史学家连横在他所著的《台湾通史·开辟篇》写道："明代漳泉人人台者，每为天气所虐，居者辄病死，不得归，故以埋冤名之，志惨也。

台湾，由台湾本岛及兰屿、绿岛、钓鱼岛等21个附属岛屿和澎湖列岛64个岛屿构成，1949年后所称的台湾地区还包括靠近大陆的金门与马祖等岛屿，为中国的"多岛之省"。台湾本岛南北长而东西狭，南北最长达394千米、东西最宽为144千米，呈纺锤形。台湾海峡为中国南北方之间的海上交通要道，是著名的海上走廊。

其后以埋冤不祥，乃改今名。"可见，连横也认可"埋冤"一词。但也有一部分学者认为"台湾"之名来源于陈第所著《东番记》中的"大员"、周婴《远游篇》中的"台员"和顾炎武的《天下郡国利病书》中的"大湾"。"台湾"一词是由"大员""台员""大湾"三个词的语音转译过来的。这一观点得到《辞海》的支持。《我国省区名称的来源》的作者在文中也阐述了台湾名称的由来，文中写到，台湾岛在16世纪被称为"大员"，17世纪时改为"台湾"。荷兰侵略者在侵占台湾时，修建了热兰遮城，而当地人则称之为台湾城。1662年，郑成功从荷兰侵略者手中收复台湾岛，"台湾"还仅限于指台南市一带。康熙建立台湾府后，"台湾"才成为整个台湾岛的称谓。

还有一种看法是，因为荷兰人在海湾处修建筑台，所以才称之为"台

❖ 台湾国父纪念馆

湾"。道光年间重修的康熙《台湾县志》中记载："荷兰设市于此，筑砖城，制若崇台，其海滨沙环水曲曰湾，又泊舟处概谓之湾，此台湾所由名也。"此外，成书较早的《穷河话海》和《桴海图经》中都把台湾称作"大惠"。专家认为，"大惠"与《东番记》的"大员"及后出现的"台员""大湾"都是闽南方言中的同一地名，所以可以肯定地说，"台湾"一词是从原有闽南方言"大员"中深化而来的，正式开始使用是在郑成功收复台湾之后。

而学者邵秦却不这样认为，他在 1982 年出版的一期《历史研究》中专门写了一篇文章对上述观点提出异议。他认为"大员""台员""大湾"等几种称谓在荷兰人入侵台湾前就已经没人提起了，所以他认为"台湾"一名应来自于原安平地区的台窝湾族，以其族名定的台湾岛名。根据调查，台南城大湾庄原为台窝湾族原住民居住地，"大湾"即"台窝湾"的同音异字，所以荷兰人在写文献时，就把安平一带音译成 Tayovoan（台窝湾）、Tyovon（梯窝湾）、Teijoan（大员）、Toyouan（台员）等几个名称。

目前，最让广大学者认可的是后者，与台湾安平一带土著台窝湾族名称有关。关于"台湾"一词的由来，目前还没有公认的答案，所以两岸很多学者也在继续努力，期望有一天，能够有一个权威的说法。

Part4 第四章

台湾岛是怎么形成的

台湾是我国第一大天然岛，这个岛屿是怎么形成的？

台湾是东亚岛弧中的一环

台湾岛是东亚岛弧中的一部分，它的形成与东亚岛弧有着密切的联系。

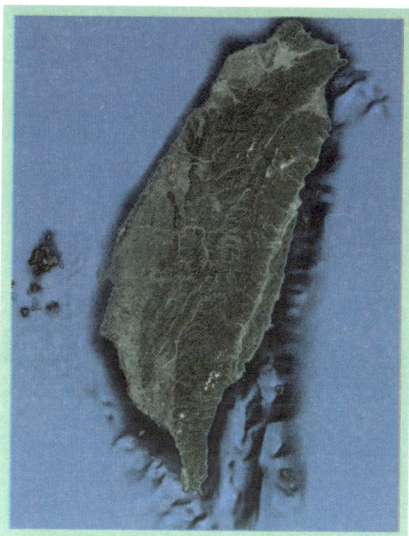

什么是东亚岛弧呢？所谓东亚岛弧就是指东亚大陆架与太平洋西部海沟之间弧线上的大大小小的岛屿，像日本的千岛群岛、日本群岛、琉球群岛、台湾及其附属岛屿、菲律宾群岛都属这个岛弧内的一员，这些岛屿有一个共同的标志：都是以东亚褶皱山系的出现为标志，而东亚褶皱山系的出现是由以下原因造成的：在远古时期的地壳运动中，东亚大陆板块同时受到来自大陆方向和太平洋板块的挤压和阻挡，于是就形成了一条自东北向西南方向排列的山脉——东亚褶皱山系。当它露出海面时就形成了东亚岛弧。

台湾岛

造山运动并不是一次完成的，比如在距今200~300万年前，造山运动再次出现，而且非常强烈，中央山脉继续上升，两侧的褶皱也被挤压成山，露出海面，中央山脉以东、台东山脉、玉山山脉和阿里山山脉就是在这一时期形成的。这些山脉有一个特点，就是离太平洋越近，山脉的山势就越高，这是因为它们受到太平洋地块更大的阻力造成的，所以台湾的山脉比福建的山脉要高，而且台湾岛本身也有西高东低的特点。

台湾和大陆本属一体

持这种观点的人认为，台湾地质结构与大陆紧密地连在一起，在距今100万年前，台湾与大陆还是一体的，有陆地与大陆相连。第四纪开始后，地壳开始变动，与大陆相连的部分陆地开始下沉至海下，于是台湾海峡出现，台湾也成了孤立的海岛。通过技术手段分析，即使台湾海峡出现，在5400年前，还有一块岛礁连接着大陆与台湾岛，也就是这个岛礁才催生了台湾的史前文明。

❖ 台湾海峡

Part4 第四章

"杏花村"在何处

"清明时节雨纷纷,路上行人欲断魂。借问酒家何处有?牧童遥指杏花村。"这是杜牧诗中描写的景象,虽然诗中并没有渲染杏花村有怎样的景色,但也勾起了人们的好奇:杏花村在何地?

山西汾阳杏花村

在山西汾阳县以北有个杏花村,历来以产美酒名扬天下,历代文人墨客也都在此留下许多诗篇碑刻,其中杜牧的《清明》是最具代表性的诗篇。按理说,这个杏花村的身份当是确定无疑了,可是事实并非如此,专家学者又找到了几处疑问:(1)杜牧一生都未去过山西,他怎么可能在此找酒家?(2)汾阳气候寒冷,清明还没到下雨的时节,怎么会出现"雨纷纷"的景象呢?看来,山西汾阳杏花村并非杜牧诗中的"杏花村"。

❖ 山西汾阳杏花村饮酒雕像

安徽贵池县杏花村

有人认为安徽贵池县杏花村应该是杜牧笔下的"杏花村"。这个杏花村在贵池县西南方，历来以酿酒闻名于世。杜牧曾任贵池地方官，期间他把在贵池的游历经过都写了下来，所以《清明》很有可能就是在这个时期所著。不过，这个观点也难以让人信服：（1）从《清明》这首诗的时间来看，杜牧已经上任半年有余，作为当地父母官，他难道还需

◆ 安徽贵池县杏花村

要向牧童询问杏花村的去处？（2）古代的官员，很少有人会亲自去买商品。这样看来，这个杏花村也存在问题。

江苏宜兴杏花村

在江苏宜兴也有一个杏花村，而它是否就是杜牧笔下的"杏花村"呢？杜牧晚年仕途并不顺利，他在罢官后就到湖州定居，常常到离湖州不远的宜兴观光，还经常在宜兴十里碑暂住。据当地县志记载，十里碑附近有个村落，四周种满了杏树，所以它是否出现在《清明》中呢？但是，这里不曾有过酿酒的经历，所以牧童也不会指向这个杏花村。

> **知识小链接**
>
> 以上三个"杏花村"看似都有道理，但又经不起细细推敲，看来杜牧笔下的杏花村之谜一时还难以解开。

川藏地区星形碉楼的困惑

在四川西部与西藏接壤的地区，从来都不缺少神秘的色彩，比如下面要介绍的星形碉楼，就被神秘的光环所笼罩。

这些碉楼零散地分布在川藏地区的高原上，显得那么孤独与冷傲，它无视世间的繁华，静静地矗立在这片净土之上。这些建筑建于何时，又是什么人所建，在当时可以称得上是"摩天大楼"的建筑又做何用？一个又一个问题接踵而至，困扰着专家们。

如果只用文字描述这些建筑会太过苍白，只有身临其境，你才能发现它的独特之处。一群碉楼排列在一起，借着落日的余晖，映射到我们眼帘的是一幅壮丽的图画，它甚至可以与欧洲的古堡相媲美。

我们发现，这些碉楼的样式并非统一的，不仅有四四方方的，也有五角、六角、八

川藏地区星形碉楼

129

❖ 四川马尔康星形碉楼

角，甚至十三角的。而每座碉楼都可称得上是建筑杰作，整体严谨，每面墙面都如同刀劈斧砍一样整齐，墙壁牢固光滑，虽然经历了风霜雪雨和各种地质灾害的洗礼，它们依然孤傲地挺立着，有的虽然发生了倾斜，但却屹立不倒；有的发生了坍塌，身边长满了杂草，但倒塌的身躯却为狐狸、老鼠等小动物提供了遮风挡雨的地方。

四川马尔康附近有一些最大最高的星形碉楼，它们有的是八个角，有的是十二个角，为什么这些独特的建筑一直以来被中西方学者所忽略呢？

这些异于中原的碉楼形制自然引起了专家学者们的注意，自它被发现那天起，就有学者对它产生了兴趣。在成都，虽然有人对碉楼有研究，但它毕竟是一个附属的事物，所以没有人专门对碉楼进行系统的研究。我国最新出版的《中国民族建筑》，提及碉楼的部分，也是寥寥几笔，不过书中倒是提到了一座位于马尔康的星形碉楼，据说这座碉楼建于1887年，可见它的历史并不长，那为什么有这么多碉楼的出现，却没有文字记载呢？

知识小链接

碉楼是一种特殊的民居建筑特色，因形状似碉堡而得名。在中国分布具有很强的地域性。其形成与发展是自然环境与社会环境综合作用的结果。它综合地反映了地域居民的传统文化特色。在中国不同的地方，人们出于战争、防守等不同的目的，其建筑风格、艺术追求是不同的。其中，最具特色的碉楼以藏区高碉和广东开平碉楼为典型代表。

　　当地的一些文化工作者，和 19 世纪兴起的青藏探险工作人员都知道，被誉为"民族走廊"的川藏地区有一些古碉堡，奇怪的是，这些大型建筑群居然在地图上从未标注过，好像从未有人关心过这种风格迥异的建筑，没人知道它始建的年代，更没有人对它进行专门的研究。

　　或许在当时，碉楼是一种比较常见的建筑，所以没有人刻意去研究它，只是在现代人眼里，数量这么庞大的碉楼群是独一无二的，所以才会引起人们的好奇心。

　　现在川藏之间通了公路，人们驱车行驶在这条悠长的道路上时，路两旁不时会出现一两座高大的碉楼，它们有的 30 多米，有的高达 50 多米，就像一个个标志性建筑，静静地屹立在这里，它们像一个个姑娘，等待人们挑开罩在它们脸上的面纱。

❀ 四川马尔康星形碉楼

Part4 第四章

再看**泰山无字碑**

在东岳泰山山顶玉皇殿门外，有一块高6米、宽1.2米、厚0.9米的石碑，石料白中透黄，令人奇怪的是，它通体没有一处字迹，所以人们称之为"无字碑"。为什么要在泰山顶上立这样一块石碑？这石碑又是谁立的呢？专家们有不同的说法。

秦始皇所立

一种说法是秦始皇灭六国统一天下后所立，立碑还与秦始皇下令焚书有关。清乾隆皇帝在一首诗中这样描写："本意欲焚书，立碑故无字。"但仅凭乾隆一行诗句显然不具有说服力。司马迁在《史记·秦始皇本纪》中记载，始皇二十八年，即公元前219年，秦始皇又一次走上了

> **知识小链接**
>
> 无字碑，也称白碑或通俗地称没字碑，指无字的石碑，为碑刻中的一种独特现象。无字碑的出现多由于一些主观和客观的历史原因，比如因为墓主的好与不好无法言说；比如最初带有预留性质而最终没有完成；也可能原先有字，因为一些自然和人为的原因变成无字等。

❖ 秦始皇

出巡之路，"……乃遂上泰山，立石封祠祀……刻所立石，其辞曰：皇帝临位，作制明法，臣下修饬。二十有六年，初并天下，罔不宾服。亲巡远方黎民，登兹泰山，周览东极……"，这说明秦始皇在泰山上确实立过石碑，但是他所立的石碑是刻有文字的。秦始皇焚书事件发生在始皇三十四年，即公元前213 年，所以时间上也不吻合。

风化说

有人指出，石碑立在山顶之上，常年遭受风吹日晒，字迹应该是被风蚀殆尽，所以成了无字碑。这种说法显然不能成立，因为从无字碑上看，它的表面风化并没有到将字迹消去的地步，而且"无字碑"这一称呼是在宋朝时期延续下来的，那么，在同一时期秦二世所立的石碑在当时还能辨认出一百多字，这一说法也站不住脚。

汉碑说

还有一种观点认为石碑于汉武帝时所立，汉元封元年，即公元前 110 年，武帝登泰山封禅。公元前 109 年初，一行人到达泰山。《封禅书》载："泰山之草木叶未生，乃令人上石立之泰山巅。

❖ 无字碑

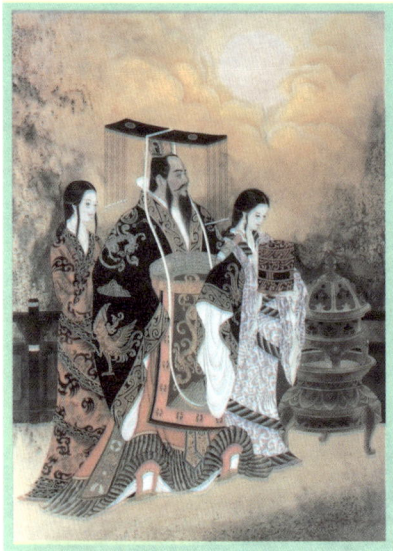

汉武帝

上遂巡海上，四月还至奉高，上泰山封。"从这段话可以明确得知汉武帝在泰山上立过碑，但是，史书上只记载汉武帝在泰山之顶立过碑，却没有说明刻字内容，从"刻所立石"一句中也能看出汉武帝所立是无字碑。而且武帝立碑的位置与现在的无字碑高度吻合。根据古代帝王传下的规矩，非开国皇帝，是无权在五岳之首的泰山立有年号的石碑的，因此汉武帝只能立碑，却不能刻字。不过，这一规矩在秦朝时就

已经打破，秦二世胡亥并非始皇，他即在泰山立下有字石碑，石碑上留下的是丞相李斯篆书镌刻，所以刚愎自用的汉武帝完全会效仿秦二世，在泰山顶上立碑，为自己歌功颂德。所以认定无字碑是汉武帝所立还缺乏有力的证据。

无字碑的秘密就像它本身一样，因为没有一丝线索，所以让人无法揭开它身上的谜团。

无字碑

阿尔泰山通天石人是何人所立

阿尔泰山脉位于中国新疆维吾尔自治区北部和蒙古西部，是中国最宏伟的山脉之一，山脉一直延伸至四个国家。

阿尔泰山风景秀美，山下是优良的牧场。近年来，山上分散着的一些奇怪的石头，引起了专家的注意。这是一种被称为闪长岩的石头，这种石头含有多金属成分，吸引人们的并不是它所含的金属，而是许多石头上刻着人脸，从已经被风化侵蚀变得斑驳的印记上可以看出，这些画像年代已经非常久远了，是什么人将印记留在这些黑色的石头上的呢？

专家沿着阿尔泰山继续向北行进，在喀纳斯风景区一处叫阿贡盖提的草原上，它们又发现了十几座古朴的石人。

❖ 阿尔泰山石人

石人很早就已经被当地人所熟知，除了天山和阿尔泰山之外，向东一直到蒙古国和南西伯利亚草原，以及我国内蒙古部分地区、中业腹地的里海和黑海沿岸也能发现类似的石人。它们可谓是跨国存在的一道风景线，这些石人有什么意义？

现在生活在阿尔泰山附近的居民由几个少数民族构成，而这几个少数民族都没有立石人的习俗，因此，石人肯定是古代其他族人留下来的。

阿尔泰山石人

　　古时候，阿尔泰山附近的草原上先后曾有鬼方、塞种、匈奴、突厥、回鹘、蒙古等民族生活过，常年的战争使这些民族过着居无定所的游牧生活，那么谁会是这些石人的创作者呢？

　　据当地人讲，每个石人的背后都有一个墓葬，所以专家就把这些墓葬当作突破口。可现实情况却不容乐观，因为保存完好的石人和墓葬太少了，为了保护文物的需要，考古工作者只能进行抢救性挖掘，将那些被盗或被破坏的墓葬重新清理，所以很难找到有价值的线索。

　　游牧民族不像汉族对埋葬很重视，他们的葬俗非常简单，所以墓穴不像汉人那样严密，风化现象非常严重，仅从墓穴里很难找到直接证据，所以鉴定石人身份困难重重。

　　在寻找直接证据的同时，也有专家从历史典籍中寻找蛛丝马迹。功夫不负有心人，在《周书·突厥传》中，有这么一条，突厥人死后有"于墓所立石建标"的风俗，从这短短的一句话中，专家们找到了突破口，说明这些石

阿尔泰山

阿尔泰山脉位于中国新疆维吾尔自治区北部和蒙古西部。西北延伸至俄罗斯境内。呈西北-东南走向。长约 2000 千米，海拔 1000~3000 米。中段在中国境内，长约 500 千米，森林、矿产资源丰富。"阿尔泰"在蒙语中意味"金山"，从汉朝就开始开采金矿，至清朝在山中淘金的人曾多达 5 万多人。阿尔泰语系从阿尔泰山得名。

人很有可能是古代突厥人所立。另外，在《周书·突厥传》中，也有相关描述，说古代突厥人尚武好战，死后要"图画死者形仪及其生时所经战阵之状"，意思是说，石人刻画的就是墓主人生前的光辉形象。在 20 世纪，蒙古国也出土了一些立有石人的古墓葬，从墓中的碑文上可以看出，墓主人确实是突厥贵族。

阿勒泰市文管所里陈列着几尊保护相对完好的石像，从石像刻画的特征上看，其与古代突厥人十分吻合，比如右手执杯、左手握剑，这是典型的突厥武士的形象。杯子是权力的象征，只有贵族才有权力饮酒，而剑则是尚武精神的象征。专家表示，古代突厥人立这些石人的作用可能认为它有通灵的作用，即人死了之后，他的灵魂会转移到石人身上，只要石人在，他的灵魂就将长存下去。

从武士石人的身上我们也能找到古代突厥人的生活特征，但令人匪夷所思的是，石人的造型远远不只武士这一种。比如人们还发现了一种黑石头人像，这种石人的选材异于其他石人，雕刻的形象也不是武士，应该属于更早的民族。

20 世纪中叶，考古学家们就已经发现了这个问题，随着调查的深入，考古工作者们在一处人迹罕至的地方发现一大片古墓葬群，根据发现的位置，考古专家将之命名为切木尔切克墓葬群，其中一个墓葬前，有五尊石人排列在墓的东侧，这些石人所用的石材都

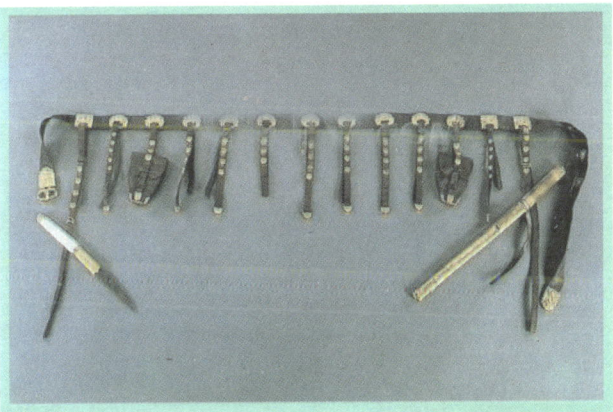

❖ 突厥贵族兵器

137

切木尔切克墓葬群

是黑色岩石，石人的脸廓清晰，可以看出眼睛呈圆形，面颊上刻有三角状纹饰，更罕见地出现了一尊女性石人形象。

考古工作者在这里挖掘了30多座墓葬，并出土了一些文物，其中一种橄榄形的陶罐引起了人们的注意，这种造型奇特的陶罐上刻有弧线形的波纹，这种陶罐是卡拉苏克文化的典型用品，而卡拉苏克文化存在于公元前1000年，而突厥人则生活在隋唐时期，它们之间有上千年的时间差异，所以这些黑石人不可能是突厥人遗留下来的。

这又让专家们陷入了迷茫之中，在3000多年前，又是谁制作了这些石人呢？

阿尔泰山

第五章
鬼斧神工谁造就

　　人类在大自然面前是渺小的，我们不得不惊叹于大自然的神奇力量，是它为人类呈现了一幅幅壮丽的景色。本章我们共同展开一幅幅出自大自然之手的神奇画卷。

Part5 第五章

恐龙为何在此**集体死亡**

恐龙曾是地球上的主宰，它们统治地球达数亿年。我们生活的土地，曾是恐龙最活跃的地区之一。

20世纪70年代，地质专家们来到四川自贡地区进行地质考察，他们在一处裸露的岩石中赫然发现了一个远古生物化石，经过鉴定，证明这是一具恐龙化石。在随后的勘探中，人们陆续发现了大量化石群，这里成为我国恐龙化石最集中的地方。

❖ 恐龙化石

1977年10月，人们挖掘出一具重达40吨的恐龙化石，该化石结构完整，是我国考古史上的一次重大发现。时隔两年之后，一个石油勘探队在进行爆破时，意外"炸"出了一个化石坑，只见地表下面密密麻麻堆积着数不清的恐龙化石，这一发现震惊了世界，一个罕见的恐龙群"殉葬地"展露在世人面前。

初步挖掘之后，在这片地方共出土恐龙化石300多箱，其中完整的恐龙个体达200多个、完整的骨架18具，最难得的是发现了4具恐龙头骨。世界考古学和古生物学的专家们纷纷前来研究，希望能在他们的研究领域取得新

❖ 四川自贡地区恐龙化石

的突破。最重要的是，他们希望解开恐龙在一个地方集体死亡之谜。

从自贡发现的恐龙化石可以看出，这些恐龙都是体型巨大的大型恐龙，专家介绍，在远古时期，这里曾有大到长20米、重40吨的"蜀龙"，小仅长1.4米、高0.7米的鸟脚龙。它们不论大小，都活动敏捷，行动速度非常快。

在长期的进化过程中，恐龙的智力也发展到较高水平，比如剑龙的智商能达到0.56，角龙达到0.8左右，而肉食性的霸王龙和恐爪龙的智商更超过了5.0，可见肉食恐龙要比食草恐龙聪明得多，也难怪，因为肉食恐龙要付出更多的努力才能得到食物，而食草恐龙不用费力就能随处吃到食物。恐龙的体温比哺乳动物要低一些，所以调温体制没有哺乳动物那样完善，可是它们并不需要冬眠。科学家推断恐龙应被归为热血动物，而不像同时期出现的爬行动物，比如蛇和蜥蜴都是冷血动物。

经过仪器测算，这次出土的恐龙化石曾经生活在1.6亿年前，不知它们经历了什么重大的变故，被集体掩埋在地层下，在缺氧的环境中，经过泥沙和岩石的固结和地

❖ 恐龙化石

恐龙是群中生代的多样化优势陆栖脊椎动物，支配全球陆地生态系超过一亿六千万年之久。恐龙最早出现在两亿三千万年前的三叠纪，灭亡于约六千五百万年前的白垩纪晚期所发生的白垩纪末灭绝事件。

质的作用，它们最终成了化石。

它们为何会集体死亡呢？专家猜测，在 7000 万年前的白垩纪末期，地质活动进入了活跃期，强烈的地壳活动使四川盆地隆起，浅丘开始出现，而这里丰富的水资源却出现枯竭。地质专家分析，在白垩纪时，自贡地区是最后一个大汇水池，所以恐龙都集中到了这里直到死亡。

但也有专家认为，在白垩纪末期，地球的温度急剧下降，昼夜温差悬殊，恐龙很难适应这种恶劣的环境，它又不能像蛇和蜥蜴一样冬眠，又没有哺乳动物那层天然的毛皮"衣服"，所以它们只能被大自然淘汰。

当然，最被人们所接受的还有宇宙射线说。这些专家认为当时一颗宇宙超行星发生爆炸，强烈的宇宙射线和强光使得恐龙的遗传基因发生突变，最后全部灭绝。和这一说法相类似的是，一颗小行星与地球相撞，它落入海中，使海水急剧升温，并掀起几千米的巨浪，巨大的冲击力携带着黄沙将恐龙掩埋。

还有一种说法，因为恐龙化石中含有大量砷元素，所以这些专家认为恐龙是吃了含有剧毒的植物而暴毙的，可为何恐龙食用的植物会突然含有剧毒了呢？专家也给不出答案。

看来要想知道恐龙突然死亡之谜，还需我们付出更多的努力去求解。

四川自贡地区恐龙化石

水下古城从何而来

坐落在安徽的巢湖是我国五大淡水湖之一，在一次水下科考中，工作人员意外在水下发现了一座神秘古城，立刻引起了轰动。

巢湖东西长 54.5 千米，南北宽 21 千米，水面面积约 750 平方千米，这里风景秀丽，水下渔业资源丰富，是古代操练水军的重要场地之一。

2002 年的枯水期，考古人员对巢湖北岸进行了一次规模比较大的考古工作，经过大家的共同努力，一座古城遗址痕迹渐渐显露在人们的视野当中。这一发现令大家欣喜不已，他们继续扩大了搜寻范围，一批重要的文物又相继出现，经过整理辨认，这次出土的文物包括瓮、盆、缸、罐、坛、釜等古代日常生活用品。此外还在城中发现了几处废弃水井的遗址。出土的器物都有一个明显的特征：口沿和底座的弧度都比较大。

这么大的古城遗址自然令世人瞠目，但最令人惊讶的还是当地的居民，他们祖祖辈辈生活在这里，却从来没有听祖辈人讲过这座水下城的一丝线索。考古人员在沿岸的走访中又发现，很多百姓都曾经在水下打捞出文物，最后汇总了 260 件之多。在梳理分类这些文物时发现，这些文物跨代很大，有新石器时代的玉斧，也有东汉王莽时期的钱币，特别是钱的种类特别丰富，有蚁鼻钱、秦半两、汉半两、汉五铢和王莽时期发行的大布黄

知识小链接

巢湖市位于安徽省中部，濒临长江，为五大淡水湖之一。全市总面积 9423 平方千米，2007 年总人口 471 万。巢湖，又称焦湖，是安徽省境内最大的湖泊。巢湖水系发达，自古就号称"二百六十汊"，山清水秀，人杰地灵，具有悠久的历史和灿烂的文化。

千、大泉五十等。

巢湖水下城的发现引起了很多部门的重视，国家和地方考古部门都派出人员前去勘察研究，经过仔细甄别，安徽文物考古研究所的专家认定这是一处汉代古城遗迹，具有非常珍贵的考古价值。

此后，学者们又为该城的身份展开了讨论，甚至有专家对该城是汉代遗址提出了质疑，认为该城应该属居巢国遗址。居巢国是历史上出现时间较短的小国，而且没有相关文字记载，仅能从青铜器《班簋》和《鄂君启节》的铭文里知道它的存在。居巢国出现在殷周时期，在后来的战争中，湮灭在历史的长河中。

❖ 巢湖

除了对它身份的疑问之外，人们更关心的是偌大一个城市怎么会浸泡在湖水之中呢？

在巢湖一带有这样一个流传很广的传说：巢湖一带曾经是一个很大的城市，有一次，居住在这里的一个百姓误食了东海龙太子化成的鱼，这下激怒了龙王。报仇心切的龙王施展法术，卷起了滔天巨

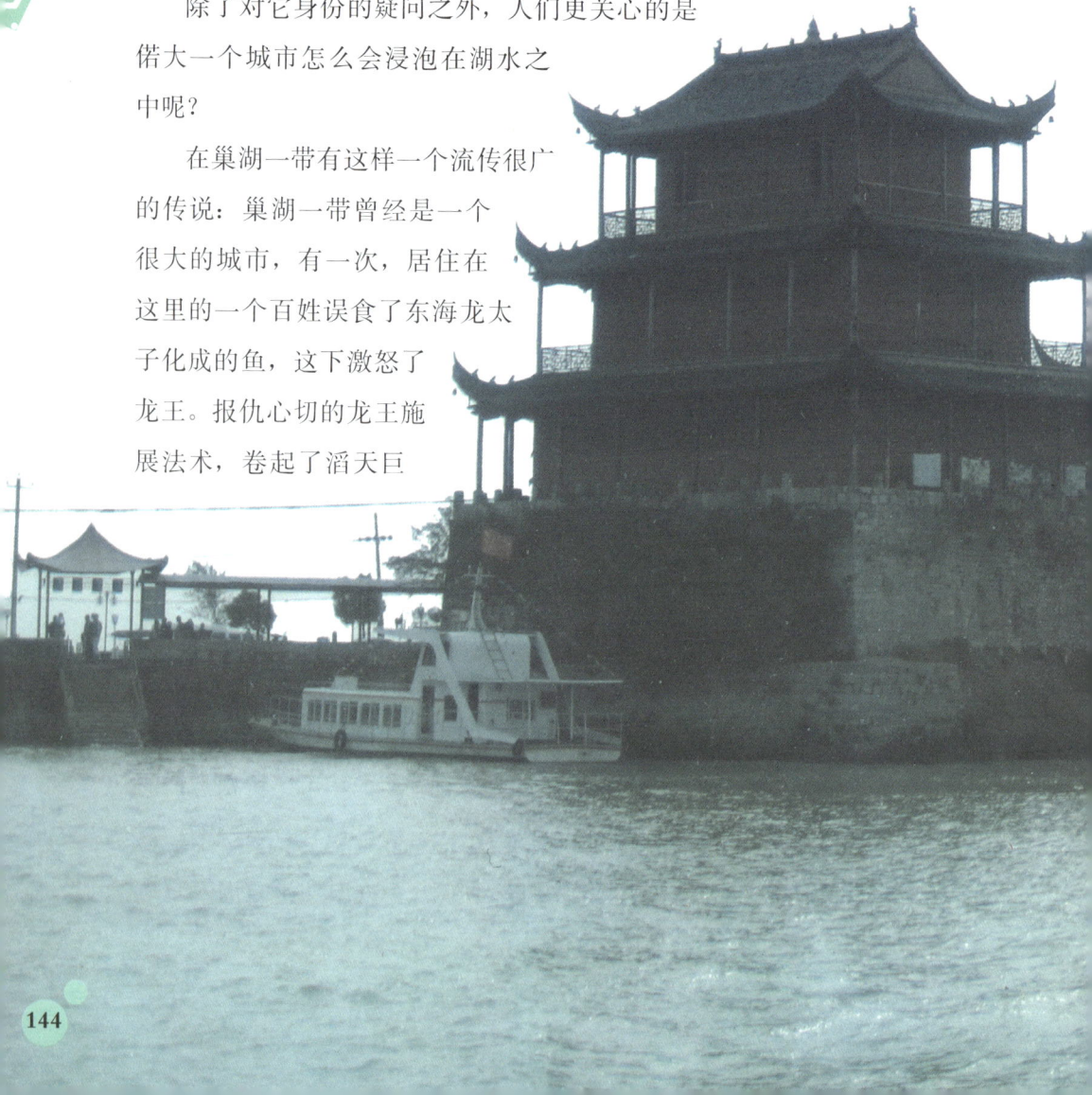

浪将城淹没了，城中所有的百姓成了东海龙太子的殉葬品，龙王看到淹没的城市还不解恨，让水永远淹着城市不退去，从此这里就成了辽阔的湖泊了。

传说当然不能作为科学的依据，但从中也能找出一些线索来。地质学家的观点是，水下的城市在秦汉之前还是存在的，但在一次地壳运动中，这片陆地发生下陷，于是成了隐落湖。而水下的那个城市有可能是在一次巨大的地震中陷落继而被水淹没的。从城市遗址的挖掘情况来看，这次灾难发生得特别突然，城中的人丝毫没有防备，那些在房中的器物都没有时间转移，甚至很多人都没来得及逃生就被无情地吞噬了。

考古界有这样一条经验：凡是能找到水下遗址的地方，附近的山上肯定会有断层出现。果然，专家在湖边的龟山上发现了断层，这一断层更为地震说奠定了事实根据。这一发现让专家们一致断定，巢湖东部在历史上曾发生过一次非常大的地震，致使一座城市整体塌陷，它就是巢湖水下的那座城市。历史上的巢湖到底发生了什么样的劫难，因为没有历史资料可供参考，所以人们也不敢妄下结论，水下古国的历史疑云，只有等人们慢慢去揭开了。

❀ 巢湖

鬼斧神工的乐业天坑

天坑，是喀斯特地貌的一种地质形式，而喀斯特地貌就是可溶性岩石在溶蚀力水长年作用下形成的地下或地表形态的统称。

❖ 乐业天坑

我国地域辽阔，大部分地质奇观均能在我国找到，而乐业天坑就是其中一个最有代表性的自然杰作。然而我们在感叹大自然的鬼斧神工之时不禁要问，是什么力量创造了这么大规模的天坑群，而围绕着天坑形成的一系列难以解释的事件又是怎么回事呢？

从天空鸟瞰天坑，就像是一个巨大的漏斗插入地下，所以天坑又有"喀斯特漏斗"之称，天坑不是在任何地方都能见到，只有在中国、墨西哥和巴布亚新几内亚才能看到这种地质形态，而我国广西的乐业天坑又以其独特的面貌而闻名于世。

❖ 喀斯特漏斗

乐业天坑群由 20 多个天坑组成，它们分布在 20 多平方千米的区域内。每个天坑就像一个独立的世外桃源，坑底生长着茂密的森林，许多珍禽稀兽就生活在那里，你只有亲临其境才能体会到自然的力量是多么伟大。

乐业天坑群中最大的一个是大石围，它的坑底构造独特，溶岩化作 200 多个莲花状的岩石分布在坑底，从洞口向下观望，就像一朵朵睡莲浮在水面之上。除此之外，在坑下还有许多天然形成的石珠，围起来像是佛教的佛珠，这些石珠与石莲"珠联璧合"，让人感觉这是神的造化，不然，又有什么力量能同时造出"珠"与"莲"这两大罕见的地质现象呢？

生长在天坑下的原始森林同样吸引着科学家们的目光，这里的植被保存得完好，同时生长着几个时代的珍贵植物，很多品种是陆地上已经绝迹的珍稀品种，更有一些动植物连专家也叫不上名字，它们为科学家们研究远古生物提供了非常宝贵的材料。天坑下有溪流，有地下河，所以专家推测，在这里应该生活着古老的无脊椎水生动物。在人们的不懈努力下，先后在天坑发掘出二叠纪的海洋动物化石，还在天坑附近发现了旧石器时代人类活动的足迹。

❖ 乐业天坑

虽然现在人们能够解释喀斯特地貌形成的原因，但对乐业天坑群的形成还有很多疑问没有解决。科学家认为，受乐业地区特殊的气候影响，所

乐业县拥有以大石围天坑群为代表的世界级品牌的旅游资源，经过中、美、英、日、法等十多个国家的专家科考论证，在20平方千米范围内已发现有天坑28个，其天坑数量和天坑分布密度世界上绝无仅有。其中，在全世界13个超大型天坑中，分布在乐业的就有7个，因此乐业县被誉为"世界天坑之都""世界天坑博物馆"。

以才形成这么多天坑。乐业地区是个多雨的地方，而雨水是天坑形成的首要条件，此外，乐业一带在远古时期应该还有丰富的暗河，暗河在地下不停地冲刷着地表，造成地下空洞。在上下两种蚀溶水的作用下，地面最终支撑不住发生了坍塌，慢慢形成了"喀斯特漏斗"。

乐业天坑的神奇之处就在于有许多难以解释的谜团，在它壮丽的外表下，常常发生许多令人称奇的现象。在乐业天坑群，有一个深350米的溶洞，每当天气晴朗时，洞的深处就会涌出大量白烟。于是，当地人给它起名"冒气洞"，并猜测红河水的源头就在这里。

红河是云南西部的一条重要河流，也是一条跨国河，它流经越南，是越南北部重要的河流之一。如果红河水真的发源于乐业天坑，这个发现无疑是地理学上的重大发现。但是，天坑底下环境恶劣，杀机四伏，想要对它进行专业勘探绝非易事，所以至今我国也没有对其进行过完整的科研考察。1998年，一支民间探险队下潜到天坑，好不容易才到达600米的坑底，但很快就在洞下迷失了方向。一名队员不小心摔倒后，竟离奇地失踪了，这又给天坑平添了许多神秘感。看来要想完全掌握天坑下的秘密绝非那样容易。

❖ 红河

Part5 第五章

"干饭盆"的故事

　　"干饭盆"，当读者朋友们看到这个题目时一定会感到很奇怪，这是一个什么样的东西？别急，我们下面就来认识一下它。

"干饭盆"所处的位置

❖ 干饭盆

　　"干饭盆"是长白山地区的人们对一种地理现象的称呼，因为这种地方往往和恐怖现象联系在一起，所以人们无不闻之色变，在当地"干饭盆"就是"死亡之地"的代名词。

　　"干饭盆"分布在长白山原始森林之中，它的特征是几处地方山峰相似、沟谷一致，连山间小路都非常相像，不识路的人走进去就会迷失方向，很难原路返回。在这里面失踪的采参人、狩猎者不计其数，就是到了现代，一些误闯进去的人也会离奇失踪。"干饭盆"仅吉林省抚松县境内就有三处，其中与抚松县交界处的"干饭盆"最为诡异。这是一个盆形峡谷，四周被群山环绕，延绵的大山首尾相连，没有主峰。该峡谷南北

❖ 干饭盆

长约 20 千米，东西宽约 15 千米，总面积约 300 平方千米。"干饭盆"并不是我们想象的只有一个盆地，而是大大小小包含着众多小盆地，据当地百姓讲，里面有 81 个盆地之多。

❖ 长白山绿洲潭

干饭盆的传说

当地流传着一个和干饭盆有关的传说：在很久以前，长白山脚下的一个村庄里生活着一个叫金良的小伙子，他每天靠挖参卖钱生活。有一次在上山途中，金良遇到一位饿晕的老头，就好心地把自己的干粮给了老头。老头吃完，很快就站了起来，可是他连句"谢谢"也没说，转身就向大山深处走去。第二天，金良又遇到那个老头，老头又向他要吃的，金良就又把干粮给了他。此后，每天如此，金良自己饿着肚子，也会帮助老头。过了一段日子，有一天老头不再向金良要干粮了，他拿出一个盆给金良说："这是一个'干饭盆'，你只要倒进去一碗水，就会有饭吃了。"说完，老头不见了。

从此以后，金良上山再不用带干粮

知识小链接

就像大西洋中的"魔鬼三角"百慕大充满了恐怖和神秘一样，长白山区的"干饭盆"在当地人心目中也成了"死亡之谷"的代名词，人们谈之色变、敬而远之，很少有人敢涉足其中。

"干饭盆"是当地人对长白山原始森林中山峰相似、沟谷类同、峰回沟转、极为相像的地形地貌构成的特殊地带的称呼。一般人误入其中，难辨方向，很难走出来。

了，而且平时也不愁吃的了。很快他的嫂子察觉到了蹊跷，她心想：为什么金良从不做饭也不饿肚子？后来她偷偷观察，发现了干饭盆的秘密，于是逼着丈夫跟兄弟要干饭盆。有一天，金良哥嫂尾随金良进了山，就在金良盛水准备做饭之时，他嫂子冲了上去，抢过干饭盆就扣在金良头上，"轰"的一声巨响，干饭盆裂了，碎片化作奇峰耸立在周围，米饭也变成了几百个大小不一的小山谷。

金良的嫂子当时就被崩死了，他的大哥往山下逃，可是跑了一天，怎么也逃不出这片山谷。他就在里面转啊转，最后活活饿死在了山里。而金良则被山神化作的老头领出了山谷，平安回到家里。以后，这片山谷就叫干饭盆了。

除了神话传说之外，这里还流传着很多恐怖的故事。这里有一句顺口溜说得好："干饭盆，闷死人，坏人进去就断气，好人进去吓掉魂。""干饭盆，干饭盆，就像焖饭闷死人。十人进去九不生，一人出来掉了魂。"可见它是非常诡异的地方。据说在清朝时，有20个山东人进山挖参，进去后就再没人见他们回来，用当地人的话说，他们是被"闷了干饭"，意思是死在了山里。

干饭盆之谜

在大山附近生活的人都知道在"干饭盆"里容易迷路，就连经常在山里活动的人，宁愿多走十几千米也要绕开"干饭盆"。据曾经在里面迷过路的人讲，在里面最可怕的就是无论怎么走、走多远，最后总会回到原地，常常是绕了一大圈又回来了。人在里面为何会迷路

长白山

呢？最主要是没了方向感，在里面不能分辨东南西北，即使能判断出方位，往往也是相反的。

为什么干饭盆会让人迷失方向呢？有人推测，"干饭盆"可能是远古时期掉落下来的陨石群砸出来的，陨石在降落过程中产生了巨大的磁场，人进去之后导致身体磁场发生变化，记忆混乱，所以就会迷失方向，就连指南针在里面都会紊乱。

还有一种解释，"干饭盆"山高林密，地形又非常相似，所以人们走来走去一直在一个环境中，心理上就会产生畏惧，所以会迷路。如果不以外物为参照，不受外界迷惑，就不容易迷路。曾经有个小姑娘误闯进干饭盆去采野菜，因为她心无旁物，很顺利地就按原路返回了家中。

更有人提出"干饭盆"是史前文明或是外来生命创造出来的。因为有人曾经在"干饭盆"的深处发现了一个由几十根石柱组成的"石阵"，这些石柱高低、粗细均不一致，有圆的，也有带棱的，最高最粗的两根八棱石柱组成一个石门，后来有人想去见识一下这个古石阵，却怎么也找不到它的位置。

"干饭盆"的谜团还有很多，解开它没那么容易，相信随着科学的进步，总有一天我们能揭开这一神秘面纱。

Part5 第五章

南澳海滩的古井

> 1962 年夏天，南澳海滩水位退潮后，一位在海边捉虾的人发现了一口古井，在井沿四周还捡出四枚宋代铜钱。

这四枚铜钱上分别刻有"圣宋元宝""政和通宝""淳熙元宝""嘉定通宝"等字样，海滩古井还是新中国成立以来首次发现。

这口古井的四壁及井沿全部用花岗岩条石堆砌而成，井口呈正方形，井口约 1 米，井深 1.2 米。为何要在波涛汹涌的海边建这么一口井呢？更为奇怪的是，海水涨潮，古井经常会被淹没，很少有机会显露出来，人们在这里建井有何用意？神奇的是，尽管紧邻又咸又苦的海水，但只要井口重现，那么井水就是清冽甘甜的。

专家研究发现，古井所处的位置原是一处海滩坡地，后来因为陆地的不断下沉逐渐变成今天的海滩，古井也一度被海沙所淹

❖ **淳熙元宝**

❖ **政和通宝**

知识小链接

南澳县由主岛南澳岛和附近 23 个岛屿组成，呈葫芦状，东西两部为山丘，中部为冲积平原，总体属低山剥蚀丘陵——剥蚀地貌。南澳县是广东唯一的海岛县，是中国首个 4A 级海岛旅游区。夏无酷暑、冬无严寒。全岛森林覆盖率达到 72.8%，被评为"全国绿化百佳县"。据测定，全岛空气富含负离子，洁净无污染，堪称"天然大氧吧"。

圣宋元宝

没。后来随着海水的冲刷，大量海沙被带走，在一次特大海潮席卷沙滩时，才让古井重见天日。

据历史资料记载和当地人回忆，这些水滩还不止一口古井，而老人们也提到，这里曾先后出现过"龙井""虎井"和"马槽"三口古井。

大家知道，沿海的滩地盐碱成分很高，附近的地下水也因海水的渗透，有很高的含盐量，是不宜用来饮用和灌溉的。但南澳岛上这些紧挨着海滩的古井却是例外，不仅水量丰沛，而且水质甘甜，即使把海水倒进井里一部分，过一段时间，井水也会变得纯净甘洌。

嘉定通宝

古井的水口感比当地的自来水还要爽口，因此古井重现，就成了爆炸性的消息，本地乃至潮汕、广州等地的人，会不辞辛劳驱车前往，他们在观赏这一奇观的同时，也不忘捎回家一壶井水。据说这种水的保质期很长，即使存放十几年也不会变质。这一现象太让人称奇了。

海滩

Part5 第五章

神农架的**谜团**

传说神农架是华夏始祖炎帝采药的地方。神农炎帝是华夏文明的开创者之一，所以这个传说也给神农架带来了几分神秘感。

❖ 神农架

远古时期，神农架地区还是一片大海，在经历燕山和喜马拉雅造山运动之后，这里成为一片多级的陆地，并形成了神农架群和马槽园群等独具特点的地质结构。神农架是大巴山脉的主峰，具有山体高大、西高东低的特点，平均海拔在1700米左右，海拔3000米以上的山峰有6座，海拔2500米的山峰有20多座，其中神农顶海拔3105.4米，被誉为"华中第一峰"，所以神农架又有"华中屋脊"之称。在神农架有许多神奇的地方，而且有许多自然之谜还未解开。

"潮汐河"与"鬼市"

"小当阳"是神农架山区一个非常有特点的地方，在这里有一条与众不同的"潮汐河"，这条河流的独特之处就在于它一天有三次潮起潮落的现象，这种情况在其他地方是绝无仅有的。此外在这个地方还有一个"鬼市"，"鬼市"又叫"山市"，常常上演让人匪夷所思的情景，在大海和沙漠地区出现的海市蜃楼经常会在这里出现。除了视觉上的冲击之外，这里的石柱和石缝还会传出声音，锣声、鼓声、哨声此起彼伏，非常热闹，古时候的人迷信，说这是蛟龙、大蛤蜊发出的声音。我们可以用光的原理解释海市蜃楼的情况，可是我们听到的人声沸腾的、车马喧嚣的声音又是从哪儿来的呢？

常常奏乐的"神石"

不只"小当阳"能发出怪声，在神农架朝阳乡西坡村有块石头也有这个本事，这是一根竖立在山坡上的石柱，当地人称它石柱子。石柱上分布着大小不一的石缝，就是这些石缝让它成了天然的乐器。每年的上半年，它就能传出锣鼓、唢呐的响声，奇怪的是，一到后半年它就"失声"了，而且，它还很有规律，每年都如此循环，从来没有间断过，所以这里的人们对称它为"神石"。为何石头会有规律地"唱歌"？专家们目前没有找到合理的解释。

除了上述两个不解之谜外，神农架还有可以发光的"土蛋""神农佛光"等现象，这些现象同样没有合理的解释。

神农架林区位于湖北省西部，东与湖北省保康县接壤，西与重庆市巫山县毗邻，南依兴山、巴东而濒三峡，北倚房县、竹山且近武当，地跨东经 109°56′～110°58′，北纬 31°15′～31°75′，总面积 3253 平方千米，辖 6 镇两乡和一个国家级森林及野生动物类型自然保护区、一个国有森工企业林业管理局、一个国家湿地公园（保护区管理局、林业管理局和湿地公园均为正处级单位），林地占 85% 以上，总人口 8 万人。神农架是 1970 年经国务院批准建制，直属湖北省管辖，是我国唯一以"林区"命名的行政区。

Part5 第五章

洞庭湖下有什么**不为人知**的秘密

洞庭湖，为我国第二大淡水湖，位于湖南省北部，面积 2820 平方千米，在这片宽广的水域曾经发生过许多让人意想不到的奇闻。

青山岛是怎么形成的

青山岛是洞庭湖中唯一的小岛，它是世界上仅存的三座渔村之一。在历史上，有许多文人墨客都被这里的景色所吸引，并在这里留下他们的足迹，所以岛上的文化底蕴是非常深厚的。在这里你能看到新石器时代的遗迹，也有黄陵二妃墓，更有李白、杜甫、韩愈、张说、李贺、刘禹锡、苏轼、夏元吉等历史名人留下的不朽诗文。

在一处茂密的草丛里，杨幺头雕像就静静地矗立在这里，石像面对的正是万亩芦苇荡，浩瀚洞庭水。这个小岛上的居民自古以来就以打鱼为生，所以不事农业。

青山岛的土质结构是黄细砂和白粉砂构成，地下水经过沙石的过滤，已经达到矿泉水的标准。围着洞庭湖的沿岸，都是淤积而成的洲滩，唯独洞青山岛周围是沙滩。为何同一水域会出现两种截然不同的水岸面貌？很多科学家研究多年

也没找到合理的解释。

神奇的呼救石

人发生危险的时候会喊"救命"，为何石头也会发出救命的呼声呢？在洞庭湖就有这么一块石头，人们驾驶帆船靠近一块露出湖面的巨岩时，能清楚地从岩石中传来"救命啊！救命啊"的声音，呼声凄厉，就像有人遇到危急情况一样。当人循声去找，却发现除了一块石头以外，根本看不到人的影子。后来，又陆续有很多人驾船经过这里的时候，都听到了石头的呼救声。为什么石头能发出人一样的声音，这个谜团至今也没有解开。

知识小链接

洞庭湖，为我国第二大淡水湖，位于湖南省北部、长江荆江河段以南，面积2820平方千米。洞庭湖纳湘、资、沅、澧四水汇入，北由东面的岳阳城陵矶注入长江，号称"八百里洞庭"。洞庭湖据传为"神仙洞府"的意思，可见其风光之绮丽迷人。

❖ 洞庭湖

Part5 第五章

世界屋脊身高的趣闻

我国西藏的珠穆朗玛峰是世界第一高峰，有着"世界屋脊"的美誉。有些资料曾说它的身高还在继续增长，平均每年增高 0.01 米，真是这样吗？

❖ 珠穆朗玛峰

实际上这一说法并不准确，因为科学家根据多年的检测发现，珠穆朗玛峰非但没有长高，而且有变矮的趋势。珠穆朗玛峰地处中国与尼泊尔两国交界，尼泊尔称之为萨加马塔峰，它是喜马拉雅山山脉的最高峰，终年被冰雪覆盖，它是陆地上海拔最高的地方，高度达 8844.43 米。有些资料中记载："珠穆朗玛峰由于处于印度板块与欧亚板块的碰撞地带，每年依然以 1 厘米的速度'长高'。"但据最新的观测数据表明，事实完全相反，珠穆朗玛峰在过去的 33 年里，正以惊人的速度下降，原来定义的高度就要改写了。

1966 年，我国科研人员

❖ 珠穆朗玛峰

珠穆朗玛峰（Qomolangma）简称珠峰，又意译作圣母峰，尼泊尔称之为萨加马塔峰，也叫"埃非勒斯峰"（Everest），藏语的"珠穆朗玛"意为"第三女神"。

第一次测得珠峰的高度，当时的数据是8849.75米。1975年时，这一数字改为8849.05米，除去厚达一米的积雪深度，测得珠峰实际高度为8848.13米。

后来，测量技术与仪器不断发生革命性的进步，测量精度也更加精确。在近30年里，中国科学家分别使用天文、激光测距、GPS、重力等先进技术手段对珠峰的高度进行了五次精确测量。科学家在1992年测得的珠峰高度为8850米，而1999年最后一次测得的高度已经下降至8844.43米，两者相差1.3米，这些数据表明，珠峰的"身高"正在逐渐变矮。

是什么原因造成珠穆朗玛峰的"身高"下降的呢？它还会不会继续矮下去呢？这些疑问同样受到许多科学家的关注，他们希望能早日破解这个谜团。

有些地质学家的看法，是印度板块和欧亚板块之间发生的运动导致珠峰变矮的。因为印度板块一直不停地向北推进，它也是形成青藏高原和它周围地质发生变化的主要动力来源。同时珠峰又受到欧亚板块的影响，使它在整体抬升过程中呈波浪起伏，也就是说珠峰的升高并不是均匀恒定的，但这一说法只能证明珠峰在继续升高，而不能解释它的高度为何会下降。

也有人提出不同看法，他们认为珠峰变矮的原因受板块活动影响不大，而是由于气

❖ 珠穆朗玛峰

候造成的。因为地壳运动不会让珠峰在短期内变化这么大，所以只能从冰川的消融上去解释。由于地球持续变暖，全球气温升高，不仅南极和北极的冰雪加快消融，就连珠峰顶部的冰川也受到影响，唯一不同的是，珠峰上的积雪转化成了冰，冰川的密实度加大，导致冰雪高度的降低。1992 年珠峰高度快速下降的时期正好对应气候急剧变暖的时期，全球气温在 1966~1975 年是相对较冷的一段时期，此后到 1992 年是冷热交替的时期，如果要按气温与珠峰高度下降逐年对应也有出入。所以，要想得到真实的答案，还要逐一对照每年珠峰冰雪深度变化和气温变化才能找到准确答案，但是要完整地取得这些翔实的数据还存在诸多困难。

❖ 珠穆朗玛峰

不可思议的南海"神秘岛"

在我国浩瀚的南海，总是会出现一些神秘的事件，其中就有这样一个是关于"神秘岛"的。

一艘名叫"联盟"号的法国帆船就曾经在1936年5月的一个夜晚来到南海海域。"联盟"号这次航行的目的是准备到菲律宾装运椰干。在瞭望架上瞭望的水手突然惊慌地喊道："正前方，有一个岛！"船上的所有船员都循声望去。

就连船长苏纳斯也马上来到驾驶台，拿起了他的望远镜进行观察。透过望远镜他清楚地看到了远方的一个小岛。让他感到纳闷的是，航船的航向没有错，过去经过这里时从未见过这个小岛，这里离海岸大约还有250海里，难道它真的是从海底突然冒出来的吗？而仔细观看，小岛上还有郁郁葱葱的树影，可见它不像是刚冒出海面的火山岛。

看到这里，船长吩咐水手立即收帆，同时命令船员快速右转90°。"联盟"号离这座从未见过的不可思议的神秘小岛越来越近了。

此时此刻，船员们全都趴在右舷的栏杆上，目不转睛地看着同一个地方。眼前出现的景象，恍若梦境一般，朦胧的夜色映衬着小岛上摇曳的树枝，美不胜收。

为了确定船的航向准确无误，船上的工作人员急忙查阅手中的海图，精确地计算。测速仪、罗经也正常运行着，没有任何异常。又仔细翻看了《航海须知》，可是书上根本就没有和这个小岛有关的任何记载，而且，每年都有成百上千条船经过这里，从来没有人发现过这个岛屿。

✿ 南海观音

紧接着奇怪的事情发生了：前面的岛屿居然不见了，没过一会儿，它却又在大船的另一边出现了！船长和他的船员们都紧张地观察着他们面前的黑色的恐怖阴影。一声巨响，船体突然剧烈地摇晃起来。

船体肋骨发出了嘎吱吱嘎吱吱的刺耳声响，桅杆缆绳互相扭结着，发出像是要断裂的阵阵声响。一棵大树哗啦一声倒向了船首，祸不单行，又有一棵大树倒向了船桅旁，树叶随风沙沙作响，甲板上到处都是泥土还有断裂的树枝、树皮。海风的气味与树脂的气味混杂在一起，让人感到就像是大海上冒出了一片森林。这时，船长本能地命令舵手右转舵，意想不到的事情发生了，船头一下子翘了起来，船身也一动不动了。显然，船搁浅了。船员们一个个惊得目瞪口呆。终于熬到了天亮，船员们惊奇地发现大海上确实有两个神秘的小岛，"联盟"号就是在其中的一个小岛上搁浅了，而另一个小岛是一块约有150米长的礁石。经过检查，船的损伤并不严重。船长命令船员放两条舢板下水，从尾部拉船脱浅。有的船员在舢板上用力划桨，另外一些人在小岛使劲推船，经过两个多小时的奋战，"联盟"号终于脱离险境。

就这样"联盟"号缓缓地驶离了小岛。那两个小岛也渐渐地消失在视野之中。这场意想不到的险恶遭遇让船员们胆战心惊，精疲力竭。他们在心里默默地琢磨着这一难解之谜。"联盟"号一抵达菲律宾，船长苏纳斯就迫不及待地向有关方面报告了他经历的这次奇遇。当地水道测量局等有关单位的人员听后对他说：在这片海域从来也没有发现过岛屿，更何况还是两个。其他船上的水手们也都持着怀疑的态度听"联盟"号船员叙述他们的经历。很显然，所有人都认为这是"联盟"号船员们的集体幻觉。

船长苏纳斯不想与他们做无谓的争辩。他下定决心要用事实证明自己是

知识小链接

南海为中国南部陆缘海，中国大陆、中国台湾岛、菲律宾群岛、大巽他群岛及中南半岛将其环绕，是西太平洋中的一部分。南海海域356万平方千米，其中有200多个无人居住的岛屿和岩礁，统称为南海诸岛。

对的，于是决定返航时带着他的船员再去寻找这两个神秘的小岛，记下它们准确的位置，向世人宣布他是对的。可航行了两天，早应该见到那两个小岛了，却什么也没有发现，连个影子都没有。就这样他们在无边无际的大海上转了整整6个小时，还是一无所获，之前的两个小岛消失得无影无踪了。尽管苏纳斯船长特别渴望解开这个谜团，可是他也不能在这儿耽搁太长时间，更不可能为此改变航向，最后他只好怀着遗憾的心情离开了这片海区。

其实苏纳斯船长和船员不是第一个发现神秘岛的人。法国考察船"拉纳桑"号，早在1933年4月就来过我国南海进行水文测量。那次他们在海上不停地来回航行，进行水下测量作业。突然，海面上竟矗立起一座无名小岛，就在上一回驶过的航道上。水中树影婆娑，岛上林木葱茏。可就在半个月后，奇怪的事情发生了：当他们再来这里测量时，这个小岛又踪影全无了。对于这个出没无常，时有时无的神秘岛，所有人都感到莫名其妙，不能理解。"集体幻觉"，对于此事考察船在他们的航海日志上是这样注明的。

Part5 第五章

澳大利亚是谁发现的

世界上有许多学者认为，是中国人首先到达澳洲的，这种可能性非常大。

在汉代时，中国商船就可以到达南海，到了唐代时已经能航入印度洋了，明代则可远航到非洲，由此可见航行到离我国南部并不是很远的澳大利亚大陆是完全有可能的。不过这只是有可能而已。到目前为止还没有发现任何文献有记载，只有那尊神秘的玉石雕像，是此说法的唯一证据。

关于玉石雕像的说法是这样的：1879年，有人在澳大利亚达尔文港的一棵大榕树的树根下，偶然发现了一尊精美绝伦的玉石雕像。根据发现神像的人描述：这尊惟妙惟肖的神像是一个身穿长袍、束腰、长着长胡子的老者，身下骑着是一头体态优美矫健的羚羊。老者大耳垂肩，鼻直口方，还有一双又大又凸的东方人的眼睛，头顶上扎着不常见的头巾，在头巾前面还有一个椭圆形装饰物，头巾的下面露出的头发看着像是梳成卷后扎成髻子，他的脚上穿的是一双方头鞋，鞋底和鞋帮上的皮革也有所不同。

❖ "寿星"玉石雕像

❖ 榕树

时过49年，即1928年，有一个澳大利亚知名学者对这个玉石雕像进行了认真鉴定和详细分析，包括神像的外形和含义。最后将神像定义为——"中国的工艺品"，而且还是中国传统道教中寿星的雕像。由此这位学者提出了一个大胆的推测：这尊玉石神像是唐代时期的作品，并且就是在那个时期随船来到了澳大利亚大陆。由此可以得出这样的结论：唐朝时我们的先祖就已在澳大利亚留下了足迹，而欧洲人抵达澳大利亚的时间大约是在17世纪。从此，澳大利亚学术界是谁发现了澳大利亚大陆这一猜测开始了几个世纪的激烈争论。

由玉石雕像而产生的问题也接踵而来：雕像是不是在古代时就被人带到澳大利亚？有人提出，雕像是被华工最先发现，而且还是中国的工艺品，会不会是某个华工自己的雕像丢失了，更有一种可能是有人故意埋在地下，期望能获得一笔奖金。也就是说，不能排除这尊雕像是近代才流入澳大利亚的。不过也有学者对这种推测表示不能苟同，理由是玉石雕像被发现后，根本就没有华工声明雕像是自己的或者有人索

❖ 悉尼歌剧院

知识小链接

位于南半球的大洋洲上的一个大陆叫澳洲大陆。这个大陆面积769万平方千米，六个大陆中面积最小的一个大陆就是澳洲大陆。在政治上，澳洲大陆属于澳大利亚。澳洲大陆四面临海，物产丰富。澳洲大陆、南极大陆是世界上仅有的两块完全被海水所包围的大陆。新西兰不属于澳洲大陆的一部分。澳洲大陆上的生物和其他大陆的生物相比大相径庭。

要奖金。再有雕像是从在地下大约 1.2 米的深处发掘出来的，而且还深深地夹在了树根交错之间，人力不可能把它埋在地下四英尺深，再楔入大树的树根中，并且大树还在生长过程中，这显然是不现实的。事实证明只能在漫长的自然生长过程中才能造成这一情形。所以玉石雕像最有可能是古代某一时期被带入澳洲的，这要比欧洲殖民者及华工到来的时间还要早。

根据这一推论，中国人在古代的时候把玉石雕像带到了澳大利亚，由此推论引发的问题就是：中国人到达澳大利亚大陆的具体时间又是哪一时期呢？认为是唐朝的学者这样解释，中国在唐朝时国力强大，经济昌盛，势力范围已经从西伯利亚延伸到后印度；那时中国文明影响到了印度，而且传入了苏门答腊、爪哇以及马来群岛的其他岛屿，中国的商船队也可以远航到波斯湾，和那里的阿拉伯人一起垄断了国际贸易。由此可见，唐朝人在那个时期将神像带入了澳大利亚的可能性是很大的。

◆ 郑和

还有一部分学者则认为，这尊雕像应该是 14 世纪的产物，明朝时郑和下西洋时，雕像随船队一同来到了澳大利亚。学者所持的理由是：唐代没有明确记载有如此大规模的远洋航行，而郑和船队在印度洋上航行了几十年，最远到达了非洲。再有，中国古代书籍中也没有记载关于澳大利亚大陆的文字，但郑和远航后所著的《星槎胜览》一书中出现过关于帝汶岛的具体描述，而这个帝汶岛的位置离澳洲就已经很近了，最重要的是这个岛靠近达尔文港；另外，从雕像自身的特征还有发现它的地点来看，这尊雕像应该是大型帆船航行到澳大利亚后遗留下来的，而并不是渔船或小型贸易船只不小心失落的。最后，郑和下西洋既有政治上的使命，也有文化方面的交流需要，当然也极有可能会去南方各海岛寻找珍宝、异兽。也许听说南面的海岛上有异兽名叫大袋鼠，便从帝汶岛往南航行，意图捕获异兽袋鼠。由此推断，那些进行不太重要的远航船队中，极可能经过帝汶岛，到达澳大利亚北海岸。不过，这一推论也仅仅是一些学者的假设。和"唐朝说"一样纯属猜测。航船真的驶抵澳大利亚海岸了吗？真的在那里停泊过吗？船员真的一去不复返了吗？没有人能解释这些疑问，也没有让人信服的答案。

是中国人首先到达澳大利亚大陆的吗？这尊雕像到底是哪个朝代的作品？它又是在什么时候被什么人带到了这个大陆？到目前为止，除了可以判定那尊玉石雕像是道教中的"寿星"塑像以外，其他的观点都是学者们基于历史和一些事件的猜测的结果。真相还需要我们搜寻更多的证据来对此做出最后的定论。

❖ 澳大利亚

解密黄土高原上的张壁村

张壁村，至今留存得形态完好，它自身又有众多不为人知、充满了神秘传奇色彩的古堡。

张壁村位于我国山西省晋中地区的介休市东南 10 千米处的黄土高原上。张壁村顺山势而造，居高临下，北低南高，看似一处井然有序的民居村落，其实是一处"易守难攻，退避有路"的古代战略防御基地。张壁村古堡占地面积约

❖ 张壁村房顶

120,000 平方米，海拔 1040 米，在古堡下面，布满了地下通道，古堡上下四通八达，形成了一个易守难攻的地下军事设施。地道分为上中下三层，最上面一层距地面一米多高，中间一层距地面可达到 8~10 米，最底层距地面已经是 17~20 米了，弯转曲折，形如网状，俨然是一座大大的迷宫。古堡外南北面的壕沟里都有洞口，既可做哨位放哨又可为进出口供人出入。地道内应有尽有：通气孔、水井；壁

知识小链接

山西省位于黄土高原东边地处华北平原的西部，按地理位置来看它处于太行山和吕梁山所形成的峡谷高原地带。承担着晋煤外运的四条铁路线，分别为丰沙线、朔黄线、大秦线和石太线。黄土高原矿产丰富，煤、石油、铝土储量大。

❖ 张壁村房顶

道上每隔一小段就有一个放置油灯的小凹洞；最高一层有给牲畜喂食的土槽，中层、底层有很多存粮的洞穴以及休息的土洞和屯兵的大洞。有专家学者进行考证：这么复杂而且宏大的地下军事工程，不可能是民间建造的，一定是按兵法上所说"明堡暗道"修建的地下军事设施。有文献记载，唐朝时尉迟恭曾经在此地驻守，这些古堡、地道是不是他主持修建的呢？目前还没有确切材料能证实这一说法。

整个村落的地下到处都是错综复杂、规模巨大的地道系统，总长度大概有 10 千米，是先辈祖先修建的。有的地方还分上下两层，甚至有的地方修了三层，让人不可思议。走进地道，宽的地方可以同时容纳两人并肩行走，窄的地方则仅仅可容一人通过，地道内大部分地方高度在 1.8 米左右。洞壁上间隔不大就会出现一个凹坑，看样子是用来安放油灯的。地道入口是在张壁村西场巷的一座建筑考究的民居院落中。这个入口非常隐蔽，在房间里的一个黑漆大柜中，一般人都不

❖ 张壁村

会注意。村里有十多口水井，井内侧壁上都开了洞口，大小可供人通过。有的井壁上开相对的两个洞口，搭块木板就可以顺利通过了，拿掉木板便可断了后路，到目前为止人们已经发现至少有八口水井是和地道相连通的。可惜由于地震、洪水等自然灾害的原因，已经造成地面塌陷，地道已被破坏，人们无法知晓地道内的全部情况，而村民们曾经自行挖掘清理，由于没有专家指导对原始洞壁造成了很大的破坏。那么地道是何人何时因何而挖？

更令人不解的是，任何史料上都没有关于张壁堡的记载，如此宏大的工程却没有记载，不得不说又是一个历史之谜。

另外关于张壁村古堡还有奇事，村里的关帝庙东边有一个砖砌的三孔窑洞，窑洞中间的那个孔里有一座木雕神龛，神龛巨大，两头靠墙、上达窑顶，不知是什么木雕刻而成。龛前还摆着供桌。"文化大革命"的时候，曾经有人要把"千手观音殿"作为仓库使用。当大伙搬走神龛，突然发现神龛后面的墙壁有异样，于是众人一起动手撬砖，撬开后发现里面还有个墙柜式的神龛，供奉着一尊神像，有一位来此参观的人看到神像外表的泥胎有些剥落，于是用手抚摩，意外地发现原来这是一尊铁铸像，而且还是实心的。到了1994年，有几位著名的专家和教授来到古堡参观这个铁铸像。专家们说，我国古代的铸像都是分解开铸造而成，然后再焊接起来，所以中间是空的，像这样整体实心的铁像，从来没有见过。那么，这尊铁像到底是谁呢？为什么要用砖密封起来？为什么外面还要加泥塑？最后又用"千手观音"遮掩？这又是个未解之谜。

❖ 张壁村

■ Part5 第五章

神奇莫测的**地下暗河**

在长白山有一条非比寻常的"梯子河"，让我们来见识一下它的不同之处吧！

名字的来源

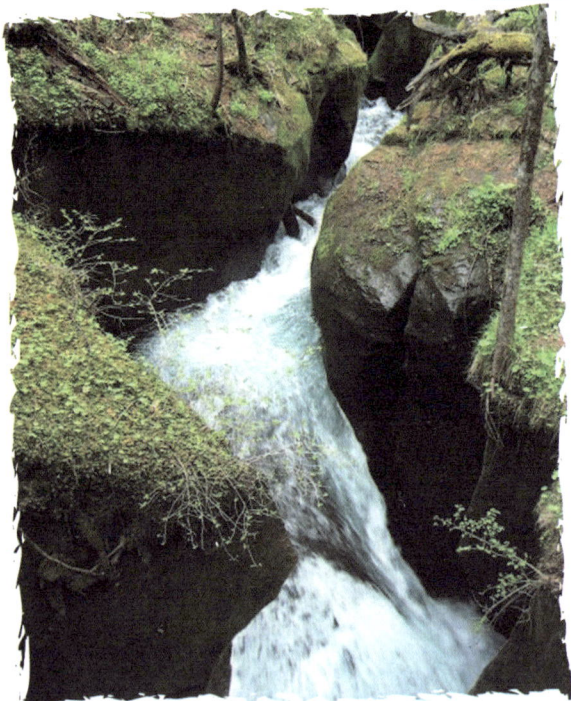
❖ 梯子河

顾名思义梯子河就是用梯子搭成的河。在美丽的长白山天池以西，有一条大约有 10 多千米长的大断裂带，并且从梯云峰缓缓延伸，大约在半山腰处就彻底把人们上山的道路截断了，这就是传说中的梯子河。

大家为什么把它称作"梯子河"呢？那是因为这条陡峭的河道，错落有致的梯云峰的形状特别像梯子的阶梯，根据阶梯的形状人们还分别把它们叫作大梯子河、地下暗河、一线天、猎物河等。

另外，在梯子河的附近还有一条特别小的河，人们把它叫作小梯子河。

这里河道特别狭窄，最宽的地方只有 3 米多，在河道的最窄处游人轻轻一跨就能过去。这条小梯子河隐蔽特别好，这里周围的环境终年都是郁郁葱葱的植被，如果不仔细看根本看不到。顺着小梯子河向下看，是大约几十米的悬崖峭壁。俯视下去，令人毛骨悚然，颤颤巍巍。河水流得很急，敲打碰撞的石壁声声震耳，这声震耳般的鸣响，即使是在很远处也能听得到"隆隆"的声音。

梯子河的传说

对于这条"巧夺天工"的梯子河，在民间还有很多美丽的传说呢！

在古老的传说中，这条梯子河是天上的神仙长年累月在这里练习武功而形成的；也有人说可能是青龙和白龙决斗的时候，这座梯云峰是被它们锋利的龙爪划出来的；还有人说天上美丽的仙女经常在梯子河里沐浴呢！我国四大名著之一《红楼梦》的作者曹雪芹，据说这位伟大的文学家还曾经在这里歇息过呢……

长白山

梯子河的神秘

夏天避暑的最好地方要属美丽的长白山了，长白山上空气清新、天气凉爽、环境优美，还没有蚊虫的骚扰。一群群的动物都来此躲避炎热的夏天。但是，从山下跑到山上避暑必须经过梯子河，梯子河非常陡峭，有很多野兽不幸失足跌落下去，所以要经过梯子河是非常危险的。可是，不知道为什么，动物们在经过梯子河时，会像受了惊吓似的，疯了似的一起拼命向前飞奔，以这样的速度到了梯子河面前根本停不下来，可想而知，便会一个个地掉下去，梯子河上端的路非常险峻，掉下去的肯定会被摔死，摔不死的也不太容易活下去，因为下端是被石子阻挡住了道路，河水在细小的缝隙中流淌，它们摔落下去的地方没有食物，差不多也会被饿死了。

梯子河的轶闻

❖ 梯子河

关于梯子河你们了解多少呢？在 1980 年夏天，长白山地区来了一个调查小组，他们是来勘查梯子河的。他们走到那险峻的梯子河时，看到大片的篙草像是被动物压倒过的痕迹，所以便断定是有动物跌落下去。断壁非常高，跌落下去，不死即伤。因为狍子和野鹿的骨质脆而且也很细，容易摔断。何况是下去救它呢？俗话说人多智慧多嘛，总会想到办法的。每个人把自己绑腿的和身上的腰带解下来做成绳子，然后用鞋带当作腰带。下去救助狍子的人，刚把狍子救上

来，便看到一只大猛兽朝他扑过来，龇牙咧嘴的，非常吓人，他不禁呼喊尖叫。他的尖叫声惊动了上面的人，知道他有了危险，便集体向上拉绳子。他的后脚跟险些被野兽咬到。俯视下去，也看不出那只野兽是什么动物，非常奇怪。

有几个边防的战士在河边巡逻，想改善一下大家的生活，便要去梯子河里找被摔死的动物。因为，梯子河每年都结冰，所以野兽死了也不会腐烂变质。可是，这结冰的水是非常凉的。在梯子河里不仅要小心翼翼地走路，还要时刻防止野兽突然袭击。突然，在不远处的沙滩上有一摊冒着热气的野兽粪便。他们赶紧离开这里，刚借助绳子爬上岸，便看到一只靠着灵敏的嗅觉追过来的独角兽，真是万般险恶啊。

还有一次，在梯子河边有几个放山人，想吃美味，便要到河里去捡点猎物。刚走几步就看到前面雾气蒙蒙的，原来是有一股热水从悬崖石缝中流出与冰凉的河水相碰，才会出现雾气蒙蒙的景象。他们利用这热水在河里洗起澡来。可是，突然有几个不明物落下，仔细一看原来是几块石子和树叶，可能是被野兽蹭下来的。他们顾不得自己这几天挖的野山参，抱着衣服就逃跑了。

这道神奇魔幻的梯子河，至今让人们匪夷所思。

❖ 长白山

神秘的谜窟

在美丽的黄山脚下有一个神秘的花山谜窟。这个石窟群有 1700 年的历史，它位于美丽的黄山脚下，而花山谜窟则隐藏在屯溪市郊一个令人意想不到的小山腹内。

重见天日的花山石窟

你们知道这组石窟群是怎么得以重见天日的吗？在很久以前，有位砍柴的老农不小心踩落沙土，随着沙土的滑落，这个神秘莫测的洞穴在石壁上呈现出来。

花山石窟被称为"中华一绝"的原因是这样的：石窟在国内很少，并且它宏伟壮观、气势磅礴。花山石窟不是天然形成的溶洞，所以和其他的石窟有所不同，但它是地下宫殿群，规模宏大，独具特色。经过专家研究和判定，确定它是 1700 多年前开凿的，应该是在两晋年间。

花山石窟具有 36 座石窟，有的石窟气势非常磅礴，有的石窟的曲回通幽，并且柱洞神奇魔幻、绚丽缤纷，这个花山谜窟的面积有 7 平方千米。花山谜窟是人类的文化遗产，所以我们要爱

> **知识小链接**
>
> 花山谜窟的谜团在于，如此大规模的人工开掘石窟，而且又处在新安文化的中心地带，居然在历史上没有任何信息记录。另外，石窟的开掘年代、用途、石料去向、持续时间、开掘者身份等谜团至今未解。

花山石窟

护并保护这个神秘的石窟。

这个令人不可思议的巨大石窟群，竟然是古代人工所建。然而前来观光的人们会产生疑问，这个巨大石窟是怎样形成的呢？迄今为止还是一个令人不解的秘密。

花山谜窟八大猜想

对于令人疑惑的花山石窟，人们做出了很多猜想。

对于花山石窟议论最多的是石窟屯兵说。因为根据史料记载，在三国时期，徽州局势动乱，大将贺齐被孙权派遣在溪水之上驻军，并且还把那片水域命名为"屯溪"。于是，人们猜测当时贺齐可能就是在这花山谜窟之中屯兵和储备粮草弹药的。

花山石窟

自古以来，徽州的手工业就比较发达，目前在徽州还遗留了许多古民居、古桥以及古道等，于是人们就产生了许多疑问，当时那些建筑的石

❖ 花山石窟

料来自于哪里呢？花山谜窟紧挨新安江，那些石料是不是从中取出之后运输到徽州各地呢？于是，人们推测花山谜窟也许是古代的采石场。

从古到今，徽商囤盐走遍天下，而他们认为石窟的开凿是为了储存大量货物。这些石窟到底是不是贮存货物而开凿的呢？到目前为止还不为人知。

有人猜疑气势宏伟规模巨大的花山谜窟是历史原因造成的，可能是因改朝换代而还没有建完的皇陵。

还有人猜想，这花山谜窟是不是外星人创作的呢？历史上有一条神秘线，这个神秘线是在北纬30°上，然而令人惊讶的是花山石窟也在这条神秘线周围。

这令人匪夷所思的石窟群，与世界上众多谜团一样，比如埃及的金字塔、狮身人面像、诺亚方舟，还有死海等都在北纬30°的神秘线上。

❖ 花山石窟

花山石窟

神秘的花山石窟是个巨大的工程，不是一朝一夕、一个朝代一个时期能完成的，它是经过漫长的时间凿成的，所以来之不易。

有位德高望重的教授提出了山丘说。因为在石窟的洞中有很多材料，经过日积月累慢慢出现了小山丘。在这个石窟群是修身养道的好地方，有人猜想这个石窟肯定是有很多隐秘的暗道，真是令人好奇啊。

但是，花山谜窟真的是让人摸不着头脑，各种说法都合乎逻辑，但是又不在常理中。我国的专家经过研究和勘察推测，仍然没有解开这个神秘的石窟是怎么出现的。

要想解开这些谜团需要一些好奇者的探究，这些谜团等着你们来给出答案。欢迎你们来到神秘的花山石窟勇敢探险。

花山石窟

石崖妈妈与蛋孩子

《西游记》中的齐天大圣孙悟空是从石头缝里蹦出来的，然而在贵州三都县的山崖上竟然产出了类似于恐龙蛋的石头蛋。你一定会疑惑，石头也能生蛋吗？

石头生蛋是怎么回事呢，发生了什么让这石头竟然生蛋了呢？让我们一起去探究一下这个神秘的陡崖吧。

产蛋崖的石崖

我国有一个水族自治县，那里景色怡人，还有独特的水族文化。如果你们来此地，一定会觉得这里是世外桃源，在这里不仅有美丽景色相伴，还可以听到一些传闻和有意思的事。在这里有一个奇怪的现象，就是石崖会产蛋，很惊奇吧。

登赶山是三都县的一座山，是产蛋崖其中的一座，山上树草茂密，在半山腰处多出一块崖壁来，被人们叫作产蛋崖。可是这崖壁为什么会被叫产蛋崖呢？原来每30年，这座崖壁就会产蛋，所以被叫作产蛋崖。产蛋崖高突不平，上面镶嵌着锋利的石头，非常险峻。这些石头蛋在高6米、宽20米的崖壁上产生，它们像孩子被妈妈孕育

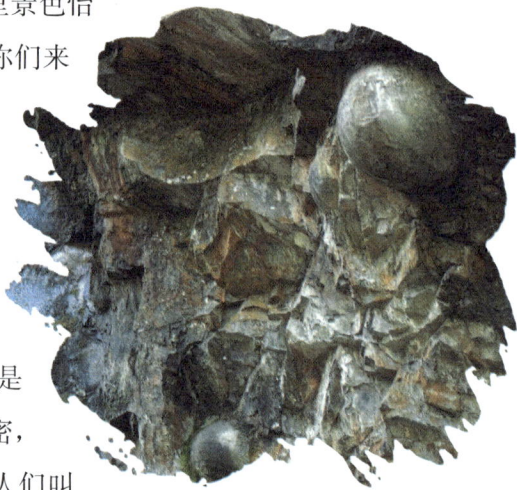

◆ 产蛋崖

着一样。它们的形状各不相同，有的像刚露头，有的像露出了大半个身子，有的则是出生了，与妈妈分离开来。这位"母亲"千百年来不断孕育着这些"孩子"，从没有停过。

❖ 产蛋崖

这座石崖让人们产生了很多疑问，让人不断遐想，神奇的石崖为什么会像母亲一样生产呢？这个不合逻辑的产蛋崖是怎么一回事呢？

千年姑鲁寨与石蛋

你们可知道姑鲁寨？它是一个水族村寨，姑鲁寨历经风雨已经有 1000 多年的历史了。你们知道姑鲁寨与众不同在哪里吗？主要在于他们都收藏着产蛋崖上独特的石蛋。这些石蛋被他们当作宝贝收藏着，因为他们认为这些石蛋可以使家里平安富贵、家财兴旺，以及衣食无忧。他们觉得拥有一颗石头蛋便是莫大的荣誉。到目前为止，姑鲁寨共保存着 68 颗石蛋，真的是非常稀有。

根据以前的传言，在秦朝时期，百越是水族的祖先，他们历经战争，为了在战争中得以生存，他们必须要学会依赖自然，才能活得长久。久而久之，水族人就有了特殊的文化，那就是拜神，他们觉得只有神灵可以保佑他们在这乱世上活得更久。然而被他们认为石神的则是姑鲁寨的那些石蛋，他们一直认为石神可以让他们五谷丰登，让他们过上美好和平的日子，所以他们会时常去拜石神。他们认为如果对石神不敬，就会被石神诅咒。要是石神知道你对它不尊敬，你就会遭到惩罚。村里也没有人去挖石蛋。你知道为什么吗？因为如果去偷蛋就是对石神不尊敬，会被石神诅咒，那些偷蛋的人有的肚子疼，眼睛也不好使了，那就是被石神惩罚了。所以人们都不敢不尊敬石神。

❖ 石蛋

有很多人都惊奇这崖壁生石蛋，所以前来围观，都想看看这让人好奇的石蛋，解开这个谜团。

与恐龙蛋类似的蛋

石蛋到底是崖壁生的蛋，还是灭绝已久生活在侏罗世纪时代的恐龙的蛋呢？

2005年，身为地质矿产勘察开发局的总设计师王尚彦博士看到石蛋的照片便做出了这个猜测，这个猜测真的是令人震惊，石蛋怎么会和恐龙蛋有关联呢？真是令人匪夷所思啊。

王尚彦把恐龙蛋和石蛋进行了比较，产蛋崖的蛋直径大约30厘米。在广东发现的恐龙蛋的化石与石蛋有同样的大小、同样的形状，王尚彦又发现了更多相似之处，比如，恐龙蛋的纹理类似于石蛋，恐龙蛋化石有蛋壳的结构，也与石蛋有着非常相似之处。王尚彦为了使这个惊人的猜测被认可，曾亲自去过产蛋崖研究石蛋是否真的如他猜测的那样。但是有个疑点一直无法解答，那就是恐龙生活的年代与三叠纪相差5000万年。

根据王尚彦的认真探解之后，发现了这个答案。神奇的石蛋不是恐龙蛋的化石。因为恐龙蛋就像鸡蛋的结构一样，有蛋壳和蛋清、蛋黄，

❖ 产蛋崖

并且恐龙蛋的样子好像纺锤体，是不均匀的。而石蛋并不像恐龙蛋那样，没有外壳和蛋清、蛋黄，它的内部结构是比较匀称的，与恐龙蛋有很大差别，所以之前的假设猜测都是错误的，石蛋不是恐龙蛋。

石蛋到底是什么呢？为什么它是蛋的形状却没有蛋的内部结构呢？为什么石壁里会出现这些石蛋呢？为什么这些石蛋会经过 30 年后掉落呢？这些问题让我们产生了无限遐想。

石蛋似"金蛋"

在我国云贵高原的东部斜坡上临近贵州省，山高水秀奇峰异岭是这里独具特色的景色，而且这里还具有奇特的外貌——非常完美的喀斯特岩溶地貌。在这里，曾有一个非常著名的王国，就是奇石王国。

❖ 石蛋

石头也是宝贝啊，可以让村民有钱赚。很多人都收藏了石蛋，等着升值。还有的村民将

这些石头当作发家致富的宝贝，将其卖掉换钱。

据说这些石蛋是寒武纪时期形成的，从它们孕育到掉落具有很长的历史。接着有专家对其进行了更深入的了解，发现产蛋崖是由泥岩构成的，石蛋也是由非常普遍的石灰岩形成的。在很久之前的寒武纪，这些非常普遍的石灰岩是怎样形成石蛋的呢？这些都给我们留下了无限的想象空间，期待着我们去解开谜底。

❖ 产蛋崖